ローカルベンチマーク

～地域金融機関に求められる連携と対話

資金調達コンサルタント・中小企業診断士
中村 中 著

ビジネス教育出版社

はじめに

　地方における急激な人口減少や地域経済の縮小は、住民の経済力の低下につながり、生活のさまざまな基盤を弱めることになっています。このような状況において、地域経済（ローカル経済圏）は、「稼ぐ力」を一層高めていかなければならず、その担い手となる地域企業が付加価値を生み出し、雇用を創り続けることを求められています。

　そして、この難局を乗り切るために、地域金融機関としても、従来の「自前主義」から外部機関との「連携」を志向し、しかも異業種「連携」に動かざるを得なくなっています。その第一歩が各企業の支援団体・専門家また金融機関への情報開示であり、次の建設的な対話と、連携のアクションプランになります。

　2015年以降、政府・行政は、いわゆる「ローカルベンチマーク」の検討に入りました。「産業構造や人口動態を踏まえて、地域企業のビジネスモデルや生産性を比較・検討し、ローカル経済圏を担う企業に対する経営判断や経営支援等の参考となる評価指標（ローカルベンチマーク）」を検討することになりました。

　2015年5月には、「地域企業評価手法・評価指標（ローカルベンチマーク）検討会」が立ち上げられ、参加する各機関で使われている分析手法等を参考にして、企業の実態を把握するために指標や手法の意義や有効性を検証しました。その上で、ローカルベンチマークが、企業の経営者等と金融機関、支援団体・専門家との対話を深める「入口」として使われることを念頭に置いて、それぞれの利用者にとってわかりやすく、使いやすい「ツール（道具）」の検討も行われました。

　特に、財務指標の有効性の検証にあたっては、株式会社帝国データバンクが保有するデータのうち、一定の条件（全業種、非上場企業の

うち決算情報が収録されている一定規模以上の株式会社および有限会社）で抽出した約7万社の情報を用いて分析を実施された点は、金融機関や支援機関にとって、アクションプランとして直ちに活用できる提案になっています。

一方、金融機関の監督官庁である金融庁も、2015年9月に金融行政方針にて、「事業性評価融資」の推進を謳い、この「ローカルベンチマークと対話」を融資実行のプロセスに組み込み、その普及を力説しました。目下、金融機関は低金利・マイナス金利政策によって、収益の根幹をなす資金利ザヤが縮小され、「事業性評価融資」が存続の切り札とみなされています。

また、税理士などの専門家・支援団体としても、このローカルベンチマークとその対話が必須ツールになっています。現在、中小企業が最も信頼を寄せる外部機関は、税理士などの専門家であり、税理士事務所などに長期間にわたる自社の財務情報を委ねています。この地元中小企業も、概してジリ貧傾向にありますので、最近では、税理士などは本業であった税務関連の顧問料や決算手数料も漸減しています。税理士などにとっても、中小企業活性化へのコンサルティング業務は欠かせない業務になっており、この「ローカルベンチマークと対話」には注目が集まり、研修ニーズも高まっています。

さらには、行政機関も、「まち・ひと・しごと創生総合戦略」「日本再興戦略改訂2015」などの施策において、同様に、「ローカルベンチマークと対話」を、これらの重要施策に盛り込んでいます。

このように、「ローカルベンチマークと対話」は、各機関「連携」の接着剤役として、2015年以降、中小企業の支援を行うすべての機関において注目され、同時に、必須情報・ツールとして、不動の地位を固めてきています。このような背景をふまえて、経済産業省、中小企業

庁、金融庁、内閣府、内閣官房、まち・ひと・しごと創生本部、そして、ローカルベンチマーク検討会などで唱えられてきた「ローカルベンチマークと対話」について、本書にて俯瞰的・総合的に、またメリハリをつけて述べていくことにしました。本書が金融機関や中小企業経営者、また税理士などの専門家の方々にお役に立ち、中小企業や地域の活性化に貢献できることを期待しております。

中村　中

目次

》はじめに

第1章 ローカルベンチマークの概要とスキーム

1．概要 ……………………………………………………… 8
2．スキーム ………………………………………………… 10

第2章 ローカルベンチマークによる対話

1．対話参加者の目的と立ち位置の明確化 ………………… 14
2．対話参加者の誠実な対応 ………………………………… 14
3．「見える化」による双方の認識共有 …………………… 15
4．具体的な事例等の活用 …………………………………… 16
5．対話こそ、今後の中小企業の飛躍を支えるもの ……… 17

第3章 金融機関の「金融仲介機能のベンチマーク」と取引企業の「ローカルベンチマーク」

1．金融仲介機能のベンチマーク …………………………… 20
2．地域金融機関の融資現場の実情と金融仲介機能のベンチマークへの対応 … 24

第4章 ローカルベンチマークの第一段階（地域経済・産業の把握・分析）

1．地域の経済・産業の現状と見通しの把握 ……………… 28
　(1) 基本的な考え方 ……………………………………… 28
　(2) 地域の経済・産業の把握・分析の視点 …………… 28
　(3) 行政機関などの公開情報の活用 …………………… 29
　　① 総合統計書／30　② 人口・就業者／34　③ 企業・従業者／34　④ 各種産業／34

（4）市町村地域産業連関表 ································ 37
2．地域の経済・産業の把握・分析の具体的手法 RESAS ·········· 39
　（1）RESAS の概要 ····································· 39
　（2）RESAS の地域経済循環マップ ······················· 41
　（3）RESAS の花火図 ··································· 43
　（4）RESAS における「稼ぐ力分析」「生産分析」等 ········ 51
　（5）RESAS と企業群の財務比較分析の活用法 ············· 53
3．地域に貢献する企業の影響度の把握 ······················· 60
　（1）地域への貢献企業 ··································· 60
　（2）分析の視点と金融機関としての役割 ···················· 61
　（3）「地域コングロマリット企業」へのローカルベンチマークと対話 ··· 62

第5章　ローカルベンチマークの第二段階
（個別企業の経営力評価と対話）

1．ローカルベンチマークの第二段階の概要 ···················· 64
2．財務情報・非財務情報と金融機関の審査プロセス ············ 68
3．ローカルベンチマークの財務情報とは ····················· 72
　（1）財務分析入力シート ································· 73
　（2）財務指標による対話 ································ 76
4．ローカルベンチマークの非財務情報とは ··················· 78
　（1）非財務情報の4つの着目点 ··························· 80
　　① 非財務データ項目間の繋がり／86　② 技術・経営評価制度の
　　評価書／86　③ サービス評価診断システム／88
5．対話に向けた企業分析ツールの活用 ······················· 103

第6章　地域金融機関・支援団体の
ローカルベンチマーク活用法

1．「ローカルベンチマークの第一段階」による地域金融機関としての
　企業支援 ··· 110
2．地域金融機関としての「地域企業応援パッケージ」の概要 ···· 113

3．「地域企業応援パッケージ」3本柱に対する金融機関の対話のポイント…119
　(1)　埋もれている地域資源を活用した事業化……………………………119
　(2)　サービス業をはじめとした生産性の向上……………………………122
　(3)　再出発に向けた環境整備、事業承継支援等…………………………123
4．「ローカルベンチマークの第二段階」による地域金融機関としての
　　企業支援……………………………………………………………………124
　(1)　「支援団体」としての地域金融機関の役割…………………………124
　(2)　地域金融機関は税理士などの専門家と信頼関係が必要になる……129
　(3)　対話で期待される地域金融機関の経営戦略・アクションプランの
　　　問題提起…………………………………………………………………130
　　　① 経営計画策定／131　　② 計画実行への組織再編／134
　　　③ モニタリング／136

第7章　ローカルベンチマークによる地域金融機関内部態勢の課題と対策

1．ローカルベンチマーク活用行動計画と金融機関の連携………………140
2．地域金融機関の対話と問題提起における課題…………………………141
3．地域金融機関の対話・問題提起における対策…………………………142
　(1)　融資担当者の稟議制度における制約事項への対策…………………142
　(2)　産学官等の外部機関との連携や対話における金融機関担当者への
　　　教育研修…………………………………………………………………143
　(3)　ローカルベンチマーク業務推進に関する目標設定…………………144

● 図表出典一覧…………………………………………………………………145

》おわりに………………………………………………………………………151

第1章
ローカルベンチマークの概要とスキーム

1 概 要

　ローカルベンチマークのイメージは、下図の通りになりますが、このローカルベンチマークは、『人口減少→地域経済衰退→生活基盤の維持困難』の課題から『地域企業の「稼ぐ力」向上の必要性』がベースにあります。また、対話の先の施策は、各機関独自の支援策、事業性評価、地域経済施策、中小企業施策、地域金融施策の5つの施策の相乗効果であって共存であるとともに、その「連携」を目指すものです。
　すなわち、ローカルベンチマークは、地域企業の経営課題の把握・

》》ローカルベンチマークのイメージ

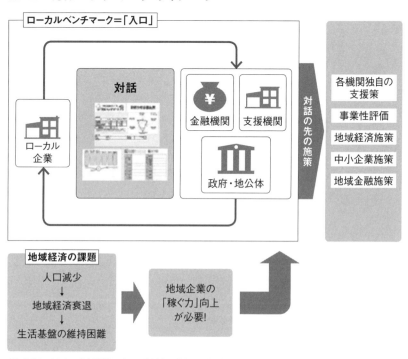

（筆者注）上図の「支援機関」は「支援団体」と読み替えてください。

1 ローカルベンチマークの概要とスキーム

分析や金融機関や支援団体との対話のための手段、ツールです。それらの分析や対話も、個社の経営改善や成長、金融機関や支援団体等の目的達成、その後の地域経済活性化のための手段といえます。

そして、ローカルベンチマークは、より深い対話や相互理解の「入口」であり、企業や金融機関・支援団体との「連携」を目指し、それぞれの目的に応じてより使いやすいものにするべきです。地域における企業・金融機関・支援団体などの縦割りに横串を入れるイメージです。

ということで、このローカルベンチマークは、関係者の「連携」が

≫ ローカルベンチマークの連携イメージ

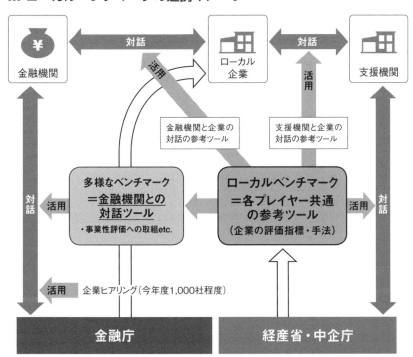

(筆者注)上図の「支援機関」は「支援団体」と読み替えてください。

ポイントになります。企業・金融機関・支援団体と行政機関である金融庁と経済産業省・中小企業庁の関係を示すと以下の通りになります。

　金融庁は、金融行政方針の目玉施策である「事業性評価（融資）」にローカルベンチマークを活用し、経済産業省・中小企業庁は管轄の各プレーヤーの税金優遇・補助金・助成金などの支援策に関するツールにローカルベンチマークを活用するということになっています。

　具体的な施策としては、「まち・ひと・しごと創生総合戦略」（2014年12月）では、産業・金融一体となった地域経済の振興を総合的に支援するための施策として、「ローカルベンチマーク」が位置づけられています。また、同戦略の2015改訂版（2015年12月）でも、地域企業の経営体制の改善・人材確保等のための施策として「ローカルベンチマーク」等の整備が掲げられています。「日本再興戦略改訂2015」（2015年6月）においては、「ローカル・アベノミクス」を推進する施策として、「中小企業団体、地域金融機関等によるローカルベンチマーク」の策定が盛り込まれています。

2　スキーム

　ローカルベンチマークは、企業の経営者等と金融機関、支援団体、専門家等が、対話を通じて現状や課題を理解し、個々の企業の経営改善に向けた取組みを連携しながら効果的に促すための手段であり、その接着剤役の評価手法・評価指標です。ローカル経済圏の企業は、その地域の他の企業や金融機関とともに、地域の経済・社会の動きに大きく影響を受け、逆に、影響を与えることにもなります。

　そこで、ローカルベンチマークは2段階の構成となっています。まず、「第一段階」として、地域の産業構造や雇用の状況、内外の取引の

流れ、需要構造等に関するデータにより、地域の経済・産業の現状と見通しの把握、分析を行っています。それとともに、金融機関や支援団体が重要と考える産業や企業群で、地域に大きな影響を与える企業やその度合い等を把握します。

　次に、「第二段階」として、金融機関や支援団体が対象とする個別企業について、財務情報や非財務情報等を基に、対話を通じて企業の成長余力や持続性、生産性等の評価を行います。その中で、企業のライフステージのうち、中長期的な衰退が見え、改善支援がより有効である企業を早めに把握することもあります。「第二段階」で把握した企業の情報や対話を通じて、相互に深めた信頼関係をベースに、金融機関や支援団体によって具体的な経営改善に向けた支援等を行います。

　他方、このローカルベンチマークが、上記以外のライフステージにある企業（創業期～成長期、衰退期～再生期）にも、効果的な役割を演じるものとなっています。たとえば、創業期から成長期にかけての企業に対しては、ローカルベンチマークを使って金融機関と企業が事業性に関する対話・理解を深め、不動産担保や保証に依存しない融資につなげるという使い方もできます。また、経営改善が困難となっている企業や再生期に入っている企業に対しては、ローカルベンチマークをきっかけに早めに対話を始めることで、早期の経営改善や事業再建、円滑な新陳代謝の支援等を金融機関や支援団体が行うことにもなります。

≫ローカルベンチマークの内容

●地域の経済・産業の視点と個別企業の経営力評価の視点の2つから構成される。

ローカルベンチマーク

第一段階

地域の経済・産業の現状と見通しの把握

把握すべき データ(例)	・地域の産業構造 ・雇用状況 ・内外の取引の流れ ・需要構造　　　　　など

→ ○地域経済・産業の分析
○各企業の地域経済に与える影響等の把握
○重点的に取り組むべき企業の特定

第二段階

個別企業の経営力評価と経営改善に向けた対話

情報収集	財務情報…企業の過去の姿を映すもの 非財務情報…企業の過去から現在までの姿を映し、将来の可能性を評価するもの		
ライフステージ と取組方法	創業〜成長段階 →担保に頼らず融資	中長期的な衰退が見える段階 (黒字ながら先細りが見える、潜在的成長力がありながら苦戦等) **→早めに気づき、対話・支援**	衰退〜再生段階 →再編・廃業支援

第2章
ローカルベンチマークによる対話

1　対話参加者の目的と立ち位置の明確化

　金融機関や支援団体・専門家が、ローカルベンチマークを用いて企業の経営者と対話するために、企業とどのような関係を構築するべきかという明確な考え方が必要です。特に、金融機関や支援団体が先導役として、ローカルベンチマークを示す場合は、企業に対して、金融機関や支援団体がその支援内容をわかりやすく説明するなど、納得してもらうことが求められます。

　そのうえで、金融機関や支援団体が企業との信頼関係を作るために、ローカルベンチマークによって見えてきた企業の課題を共有しながら、具体的な対策について、企業と対話することが大切です。

　他方、企業の経営者にとっても、対話を通じて自社の状態を把握し、自らの強みと課題、今後のアクションプランを考えるとともに、金融機関や支援団体との次の対話のために何を確認・準備しておくべきかなど、常に考えておくべきです。

　対話とは、金融機関や支援団体と企業の経営者などの対話参加者が、それぞれのメンバーの立場を理解して、建設的で目的を持った会話を通して、相互の絆を深めることです。特に、ローカルベンチマークで大局的に把握できる課題について、対話によって深掘りを行い、具体的な解決策を見出すと同時に、企業の経営・事業に対するスキル・知識のレベルアップを図ることも大切です。

2　対話参加者の誠実な対応

　対話を行う際には、金融機関・支援団体、専門家また企業経営者は、ローカルベンチマークを拠り所にします。このローカルベンチマーク

は、地域や業界の動向、また企業から提出された決算書に沿った財務情報、税務申告書等やヒアリングなどに沿った非財務情報、またライフステージによる取組み方法など、対象企業の実情を明確に示し、また、地域における企業の立場やその貢献度などを客観的に示します。

　この情報などで、その参加者はより効果的な対話を行うことができます。そして、この対話によって、経営者は、現在の経営状況や課題等に関する判断の材料を知ることができますし、金融機関や支援団体・専門家にとっても、ローカルベンチマークによって企業の経営状況や課題・見通し等によって、建設的な対話を行うことができますが、同時に、自分自身のレベルアップ・スキルアップにつながることになることから、参加者は誠実な対応に努めるべきです。

3　「見える化」による双方の認識共有

　ローカルベンチマークを活用した分析や対話を通じて、金融機関や支援団体・専門家と経営者等との間で、改めて現状や課題の認識が行われ、共有されることは重要です。金融機関や支援者などが、独自の調査やヒアリング結果等を経営者にフィードバックすることで、課題を双方の共通認識としたうえで、解決方法をともに探ることができます。

　また、客観的なデータ等を基にして、課題をローカルベンチマークで「見える化」し、対話で相互理解を深め、参加者が経営に対し緊張感を持ちながら、改善に向けた努力を継続することも重要です。その際、特に財務データの数値に関して、平均値からの乖離ばかりではなく、そのような情報をきっかけとして、事業にどのような特徴があるのか、それまでに経営状況の改善・悪化がどのように推移しているか、

さらに注意すべき財務面の問題はないか、その背景となっている非財務情報の課題は何か、加えて、地域からの恩恵や地域への貢献は何かなどといった、企業のさらなる実態把握につなげていくように対話をすることが大切です。

4 具体的な事例等の活用

　ローカルベンチマークという共通の視点を通して明らかになった課題等をより深く理解するため、金融機関や支援団体・専門家が、同じような状況にあった企業がどのような対応を行い改善に至ったかなどの事例を具体的に集め、これを示すことは大切です。このような事例は、多くの企業や業界、また地域産業の動向に接する金融機関や支援団体・専門家は情報を入手できますので、企業にとっては、自らの状態を客観的に確認することができ、その後の対応に役立てることができますので、有難いことです。

　ローカルベンチマークを使って、平時から対話を行うことが金融機関や支援団体・専門家から適時適切な支援を受けられ、このような行動から、決算書等の信頼性や経営計画の実現可能性など企業の情報開示の精度を高めることができるようになることは重要です。

　たとえば、企業自体として現時点で不安がない場合でも、関連する事業分野の事例を知ることで、それらの事業分野への対策を講じることもできます。仮に、複数の事業部門を有する企業であるならば、不採算事業に対してその価値が低下する前に売却し、そこで得たキャッシュを成長事業等の一層の強化にあてることが適当というような判断を下すことも考えられます。

5 対話こそ、今後の中小企業の飛躍を支えるもの

　大企業・上場企業は、2015年以来、「コーポレートガバナンス・コード」の浸透に企業を挙げて取り組んでおり、各企業とも徹底されてきています。最近では、東芝の不正会計問題に伴う直近3社長の辞職や、三菱自動車工業の燃費不正問題による日産自動車への事実上傘下入りなど、世間を騒がす報道がなされましたが、このショッキングな事件は、「コーポレートガバナンス・コード」の柱の一つである「経営者による株主との対話」が機能していれば、防げたものと思われます。特に、この「対話」の重要性がクローズアップされています。

　「コーポレートガバナンス・コード」に先立って公表された「スチュワードシップ・コード」（機関投資家・株主の代表のコード）においても、「対話」の重要性が力説されています。企業を健全化させ成長させるには、企業と外部機関との間で、正しい情報開示とその内容に伴う建設的な対話が欠かせないというコンセンサスが定着しています。

　このような流れの下、中小企業においても、「正しい情報開示と対話」の手法が、今般、「ローカルベンチマークの指標」と「それに基づく対話」として明確化され、「地域企業評価手法・評価指標（ローカルベンチマーク）検討会」やその意向を踏まえた経済産業省から重要施策として公表されました。

　従来、中小企業としては、主に決算書や経営者の口頭による情報開示を行い、金融機関や支援団体・専門家に支援や相談を受けていたものの、その意思の伝達が十分できないことがありました。要請事項が明確に伝わらなかったために、効果的な支援策や適切なアドバイス・相談・指導などが受けられたとは言えませんでした。企業として、金融機関や支援団体・専門家に対し、問題点を明確にしないような財務

情報や、抽象的で問題点がわからないような非財務情報の提示を行ったために、金融機関などの支援者が理解できない独りよがりの説明をすることがありました。また、中小企業は地域活性化のエンジン役であるにもかかわらず、その地域と企業の相互連携を明確にしないままに、相乗効果もできないままに進んでいたようでした。

一方、金融機関サイドとしても、20〜50項目もの経営指標や非財務情報は手元にあるものの、企業の問題点を絞り込まないまま総花的な質問を企業にしたり、個々の事業の課題などを浮き彫りにしないまま、表面的な話題に終始することが多々ありました。このようなことは、金融機関が地域を一つの企業体と想定して、大企業や上場会社の「コーポレートガバナンス・コード」の考え方を導入したならば、防げたものと思われます。「コーポレートガバナンス・コード」の考え方が地域金融機関に必要であったと思われます。

地域の相互連携の内情を「ローカルベンチマーク」で情報開示しながら、客観的な視点で金融機関・支援団体・専門家との間で、情報共有や相互理解ができることが大切です。そこで、企業としては、的確な支援を受けられるためにも、ローカルベンチマークとそれに基づく対話を実施し、大いに飛躍することを目指すべきです。

第3章

金融機関の「金融仲介機能のベンチマーク」と取引企業の「ローカルベンチマーク」

金融庁は、平成28年9月15日に各金融機関に対して、「金融仲介機能のベンチマーク」を公表しました。
　この趣旨は、「金融機関としては、金融仲介機能を発揮し、取引先企業のニーズや課題に応じた融資やソリューション（解決策）の提供等を行うことにより、取引先企業の成長や地域経済の活性化等に貢献していくこと」ですが、現実は、各金融機関によって金融仲介の取組みの内容や成果に相当の差があることが明確になりました。
　金融機関としては、取引先企業の事業の実態をよく理解し、融資やコンサルティングに取り組むことによって、そのニーズや課題に適切に応えていくことが大切です。このことによって、企業の価値向上や生産性向上を通じて、我が国経済の持続的成長につながり、金融機関自身の経営の安定にも寄与するということです。
　そこで、金融機関自身が、金融仲介機能の取組みについて、客観的に自己評価することが重要であるということから、「金融仲介機能のベンチマーク」を策定し、公表することになったということです。
　いずれにしても、金融機関の融資担当者は、この「金融仲介機能のベンチマーク」に注力することになります。

1　金融仲介機能のベンチマーク

　このベンチマークは、全ての金融機関が金融仲介の取組みの進捗状況や課題等を客観的に評価するために活用可能な「共通ベンチマーク」5項目と、各金融機関が自身の事業戦略やビジネスモデル等を踏まえて選択できる「選択ベンチマーク」50項目を、以下の通り提示しています。

1. 共通ベンチマーク

項　目	共通ベンチマーク
(1) 取引先企業の経営改善や成長力の強化	1. 金融機関がメインバンク（融資残高1位）として取引を行っている企業のうち、経営指標（売上・営業利益率・労働生産性等）の改善や就業者数の増加が見られた先数（先数はグループベース。以下断りがなければ同じ）、及び、同先に対する融資額の推移
(2) 取引先企業の抜本的事業再生等による生産性の向上	2. 金融機関が貸付条件の変更を行っている中小企業の経営改善計画の進捗状況
	3. 金融機関が関与した創業、第二創業の件数
	4. ライフステージ別の与信先数、及び、融資額（先数単体ベース）
(3) 担保・保証依存の融資姿勢からの転換	5. 金融機関が事業性評価に基づく融資を行っている与信先数及び融資額、及び、全与信先数及び融資額に占める割合（先数単体ベース）

2. 選択ベンチマーク

項　目	共通ベンチマーク
(1) 地域へのコミットメント・地域企業とのリレーション	1. 全取引先数と地域の取引先数の推移、及び、地域の企業数との比較（先数単体ベース）
	2. メイン取引（融資残高1位）先数の推移、及び、全取引先数に占める割合（先数単体ベース）
	3. 法人担当者1人当たりの取引先数
	4. 取引先への平均接触頻度、面談時間
(2) 事業性評価に基づく融資等、担保・保証に過度に依存しない融資	5. 事業性評価の結果やローカルベンチマークを提示して対話を行っている取引先数、及び、左記のうち、労働生産性向上のための対話を行っている取引先数
	6. 事業性評価に基づく融資を行っている与信先の融資金利と全融資金利との差
	7. 地元の中小企業与信先のうち、無担保与信先数、及び、無担保融資額の割合（先数単体ベース）

		8.地元の中小企業与信先のうち、根抵当権を設定していない与信先の割合（先数単体ベース）
		9.地元の中小企業与信先のうち、無保証のメイン取引先の割合（先数単体ベース）
		10.中小企業向け融資のうち、信用保証協会保証付き融資額の割合、及び、100%保証付き融資額の割合
		11.経営者保証に関するガイドラインの活用先数、及び、全与信先数に占める割合（先数単体ベース）
	(3) 本業（企業価値の向上）支援・企業のライフステージに応じたソリューションの提供	12.本業（企業価値の向上）支援先数、及び、全取引先数に占める割合
		13.本業支援先のうち、経営改善が見られた先数
		14.ソリューション提案先数及び融資額、及び、全取引先数及び融資額に占める割合
		15.メイン取引先のうち、経営改善提案を行っている先の割合
		16.創業支援先数（支援内容別）
		17.地元への企業誘致支援件数
		18.販路開拓支援を行った先数（地元・地元外・海外別）
		19.M&A支援先数
		20.ファンド（創業・事業再生・地域活性化等）の活用件数
		21.事業承継支援先数
		22.転廃業支援先数
		23.事業再生支援先における実抜計画策定先数、及び、同計画策定先のうち、未達成先の割合
		24.事業再生支援先におけるDES・DDS・債権放棄を行った先数、及び、実施金額（債権放棄額にはサービサー等への債権譲渡における損失額を含む、以下同じ）
		25.破綻懸念先の平均滞留年数

		26.事業清算に伴う債権放棄先数、及び、債権放棄額
		27.リスク管理債権額(地域別)
(4) 経営人材支援		28.中小企業に対する経営人材・経営サポート人材・専門人材の紹介数(人数ベース)
		29.28の支援先に占める経営改善先の割合
(5) 迅速なサービスの提供等顧客ニーズに基づいたサービスの提供		30.金融機関の本業支援等の評価に関する顧客へのアンケートに対する有効回答数
		31.融資申込みから実行までの平均日数(債務者区分別、資金使途別)
		32.全与信先に占める金融商品の販売を行っている先の割合、及び、行っていない先の割合(先数単体ベース)
		33.運転資金に占める短期融資の割合
(6) 業務推進体制		34.中小企業向け融資や本業支援を主に担当している支店従業員数、及び、全支店従業員数に占める割合
		35.中小企業向け融資や本業支援を主に担当している本部従業員数、及び、全本部従業員数に占める割合
(7) 支店の業績評価		36.取引先の本業支援に関連する評価について、支店の業績評価に占める割合
(8) 個人の業績評価		37.取引先の本業支援に関連する評価について、個人の業績評価に占める割合
		38.取引先の本業支援に基づき行われる個人表彰者数、及び、全個人表彰者数に占める割合
(9) 人材育成		39.取引先の本業支援に関連する研修等の実施数、研修等への参加者数、資格取得者数
(10) 外部専門家の活用		40.外部専門家を活用して本業支援を行った取引先数
		41.取引先の本業支援に関連する外部人材の登用数、及び、出向者受入れ数(経営陣も含めた役職別)
(11) 他の金融機関及び中小企業支援策との連携		42.地域経済活性化支援機構(REVIC)、中小企業再生支援協議会の活用先数
		43.取引先の本業支援に関連する中小企業支援策の活用を支援した先数

		44.取引先の本業支援に関連する他の金融機関、政府系金融機関との提携・連携先数
⑿ 収益管理態勢		45.事業性評価に基づく融資・本業支援に関する収益の実績、及び、中期的な見込み
⒀ 事業戦略における位置づけ		46.事業計画に記載されている取引先の本業支援に関連する施策の内容
		47.地元への融資に係る信用リスク量と全体の信用リスク量との比較
⒁ ガバナンスの発揮		48.取引先の本業支援に関連する施策の達成状況や取組みの改善に関する取締役会における検討頻度
		49.取引先の本業支援に関連する施策の達成状況や取組みの改善に関する社外役員への説明頻度
		50.経営陣における企画業務と法人営業業務の経験年数(総和の比較)

2　地域金融機関の融資現場の実情と金融仲介機能のベンチマークへの対応

　地域金融機関の融資現場の担当者は、上記共通ベンチマークにおける「⑵取引先企業の抜本的事業再生等による生産性の向上」の「3.金融機関が関与した創業、第二創業の件数、4.ライフステージ別の与信先数、及び、融資額（先数単体ベース）」の金融仲介機能のベンチマークを実践する場合は、取引先に「ローカルベンチマーク」の策定依頼を行い、対話をする方が効果的であるように思われます。融資現場の担当者としては、取引先とかなり突っ込んだ対話を行わない限り、「創業、第二創業」や「ライフステージ」を客観的に把握することは難しいと思われます。中小企業の大半が複数行取引を行っている以上、各金融機関で足並を揃えることは難しいはずです。

　また、選択ベンチマークにおける「⑶本業（企業価値の向上）支

援・企業のライフステージに応じたソリューションの提供」の「19.M&A支援先数、20.ファンド（創業・事業再生・地域活性化等）の活用件数、21.事業承継支援先数、22.転廃業支援先数、23.事業再生支援先における実抜計画策定先数、及び、同計画策定先のうち、未達成先の割合、24.事業再生支援先におけるDES・DDS・債権放棄を行った先数、及び、実施金額（債権放棄額にはサービサー等への債権譲渡における損失額を含む、以下同じ）」の金融仲介機能のベンチマークを実行に移す時は、やはり、取引先に「ローカルベンチマーク」の策定依頼を行い、対話をしなければならないと思われます。融資現場の担当者としては、取引先に経営者が対話後に納得して、初めて成長支援手法や再生支援手法まで踏み込んだ対応になると思います。これらの手法の多くは、金融機関内部の本部や外部機関との連携を組んだ手法にならざるを得ないと思います。

　このように、今後、金融機関に求められる「金融仲介機能のベンチマーク」をクリアするためには、金融機関の融資担当者は、中小企業やその税理士などの専門家に「ローカルベンチマーク」の策定や対話を行うことになるはずです。

第4章

ローカルベンチマークの第一段階
（地域経済・産業の把握・分析）

従来の金融機関の融資業務においては、企業の信用チェックやコンサルティングが中心でした。しかし、このローカルベンチマークの第一段階は、地域の経済・産業の現状と見通しを把握し、「地域に支えられる企業」、「地域に好影響を与える企業」という観点を重視することになっています。

1　地域の経済・産業の現状と見通しの把握

(1)　基本的な考え方

　地域金融機関としては地域の経済・産業への貢献のために、地域に対する現状と見通しの把握を行います。地域の経済・社会に組み込まれている企業（ローカル経済圏の企業）の経営課題を理解し、改善を促すためには、その企業活動を取り巻く環境としての地域の状況を把握します。また、地域の経済・産業も、その企業によって支えられている状況も把握する必要があります。そして、金融機関や支援団体・専門家自身が、どのような点に焦点を置いて取り組むのかを明確にし、企業との対話や他の機関等との連携を進めることに注力します。

　ただし、地域経済の構造や動向について、それぞれの機関がすべて自前で分析を行うことは現実的ではなく、効率的でもないことから、国や地方公共団体、調査機関等の統計や調査、分析ツール等を利用し、金融機関や支援団体・専門家の間で情報共有や連携を組むことが大切です。

(2)　地域の経済・産業の把握・分析の視点

　地域（都道府県や市区町村等）の経済・産業構造については、第一に産業（業種）別の企業数や就業者数、売上高、付加価値額等の基本

的な情報について、現状や推移、見通し等を把握・分析します。この際、全国・地域の平均、規模・業種が似ている地域と比べるなど、自らの地域の特徴を外からの視点を持って客観的に把握することが重要です。

　一般に、中小企業の場合は、業界の流れに竿を指すよりも、その流れに乗ることの方が成功の確率が高まります。

　次に、地域の経済を支える主要産業の特徴や付加価値の生み出し方、産業間の関係等を把握・分析します。たとえば、地域内の需要に依存する産業や域外からお金を稼ぐ産業の特定、産業別にどの地域や産業との結びつきが強いか、産業別での個別企業同士の取引関係等を把握します。

　また、地域において大きな位置を占めるサービス業は在庫を持たないことから、一般的に域外との取引関係が薄くなっています。域内の需要に依存するこの産業については、地域の人口動態や消費構造を把握することも重要です。

　これらについては、多くの金融機関では、本部の調査部や審査部などに専門部隊や専任担当者を置いて、業界の現状や将来の調査を行っています。支店の担当者は、本部の調査セクションに問合せをすることで、多くの情報やその調査の方法等のアドバイスを受けることができます。支店の取引先担当者などは、情報共有や情報交換に注力するべきです。

(3)　行政機関などの公開情報の活用

　最近の公的機関や私的な調査機関が公開しているデータや情報は、年々増加しています。これらのデータなどを分析すれば、かなりの地

域の経済・産業の情報を入手することができます。また、金融機関などが自らアンケートなどを行えば、さらに利用価値の高いデータや情報を入手することができます。

　たとえば、種々のポータルサイトで、「地域に関する統計」「リサーチ・ナビ」と検索を行えば、以下のような情報が手に入ります。

　市区町村別の地域ごとの従業員数や農業産出額といった地域に関する主な統計資料としては、以下のようなものがあります。
　①　総合統計書
　②　人口・就業者
　③　企業・従業者
　④　各種産業

① 総合統計書
● 『統計でみる市区町村のすがた』（総務省統計局　年刊）
　人口・世帯、自然環境、教育、労働、健康・医療、福祉・社会保障等、国民生活の実態をあらわす「社会・人口統計体系」から、市区町村別の主要なデータを取りまとめたものです。最新版は総務省統計局HP内統計でみる市区町村のすがたで参照することができます。

市区町村	課税対象所得 C120110 (百万円) 2014	納税義務者数 C120120 (人) 2014	事業所数 C2107 (事業所) 2009	第2次産業事業所数 C2111 (事業所) 2009	第3次産業事業所数 C2112 (事業所) 2009	従業者数 C2207 (人) 2009	第2次産業従業者数 C2211 (人) 2009	第3次産業従業者数 C2212 (人) 2009	耕地面積 C3107 (km²) 2014	製造品出荷額等 C3401 (百万円) 2013	製造業従業者数 C3404 (人) 2013	商業年間商品販売額 C3501 (百万円) 2011
北海道	6,328,093	3,242,817	258,041	37,587	215,926	2,535,263	425,490	2,061,970	11,480	6,385,147	166,045	14,890,903
札幌市	2,494,376	825,443	80,313	10,704	69,506	927,971	113,850	812,953	29	510,817	28,501	6,884,107
中央区	...	...	23,726	1,236	22,457	326,854	19,114	307,187	...	21,870	1,960	4,748,398
北区	...	...	9,853	1,668	8,181	110,368	12,942	97,413	...	16,446	1,332	628,229
東区	...	...	9,589	1,987	7,597	104,619	20,134	84,383	...	98,869	5,256	805,114
白石区	...	...	8,683	1,597	7,079	96,300	18,034	78,197	...	102,317	5,680	1,000,251
豊平区	...	...	7,018	835	6,178	65,591	9,583	56,017	...	22,626	1,894	267,049
南区	...	...	4,128	559	3,558	39,306	3,713	35,534	...	4,275	325	83,695
西区	...	...	7,441	1,163	6,268	73,544	14,903	58,554	...	158,800	7,203	557,627
厚別区	...	...	3,084	329	2,749	43,095	4,598	38,461	...	41,175	2,142	257,568
手稲区	...	...	3,653	719	2,926	35,602	5,620	29,842	...	32,875	1,995	129,426
清田区	...	...	3,138	611	2,513	32,702	5,239	27,395	...	11,563	714	210,749
函館市	294,630	108,969	15,184	2,026	13,113	131,692	20,089	111,111	21	170,248	8,135	597,052
小樽市	121,231	48,909	6,765	970	5,781	60,321	11,760	48,373	2	164,857	7,140	214,483

- 『民力』（朝日新聞社　年刊）

　都道府県別、エリア別、市町村別にさまざまな統計資料をとりまとめ、民力（人々の経済的な力）を多角的に測定することを目指した、エリアマーケティングの基礎資料です。Web民力からも見ることができます。

- 『データでみる県勢：日本国勢図会地域統計版』（矢野恒太記念会　年刊）

　経済、社会に関する地域統計集です。府県別統計がメインとなっていますが、それぞれ全国の市、町村に関する主要統計も取り上げています。また、各都道府県の人口ピラミッドや経済指標、生活指標のレーダーチャートも掲載されています。

見本①

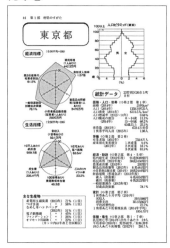

見本②

- 『都市データパック』（東洋経済新報社　年刊）

　全国の都道府県および市区町村の基本データをコンパクトに収録しています。各市区に関する記述は1～2ページ程度にまとめられてお

り、各自治体の最近の施策、ニュースなどが紹介されています。

「都市データパック」データ

商品説明

【特長】
全国47都道府県すべての市と東京特別区(合計813市区)の最新情報を提供します。
収録データは東洋経済新報社の刊行物『都市データパック』と同一で、東洋経済独自の調査結果と解説記事・ランキング、および、各種統計情報です。
なお、『都市データパック』のデータから算出した、"住みよさランキング"は、各種メディアに取り上げられ、毎年注目を集めています。

【主な用途】
自治体、大学、コンサルティング会社、金融機関などで、各自治体の分析・研究、および、地域を紹介するWebサイトなどで活用されています。

データ仕様

【商品形態】
「文章データ」と「統計データ」、2種類のテキストデータのファイルです。
※サンプルファイルを用意しています。問い合わせページからお気軽にご用命ください。

【収録範囲】
全国すべての市と東京特別区(23区) [2016年版は813市区]

【収録項目】
・文章データ
　ファイル1: 市役所、URL、発足年月日、市長、議長、議会
　ファイル2: 交通、由来、沿革と特性、現状と展望、主要事業所、特産品・酒、観光イベント、日本一、出身者
　ファイル3: 総合計画の策定状況、将来都市像、主要プロジェクト、経済状況、職員採用、職員採用注記、認可保育所、小児医療費助成制度
　ファイル4: 水道料金、下水道料金、介護保険料、特別養護老人ホーム、高齢者向けグループホーム、日本版CCRC、空き家バンク、ふるさと納税、ふるさと納税返礼品、生活保護、[国民健康保険料]支援金分、医療分、介護分
　ファイル5: [住みよさランキング]総合評価、項目別、[成長力ランキング]総合評価、項目別、[民力度ランキング]総合評価、項目別、[財政健全度ランキング]総合評価、項目別

・統計データ(各項目の数値と順位)
　ファイル1: 面積、可住地面積、人口(国勢調査)、人口増減率(国勢調査)、外国人人口(国勢調査)、人口(住民基本台帳)、人口増減率(住民基本台帳)、人口密度、自然増加率、社会増加率、平均年齢、年少人口増減率、年少人口比率、生産年齢人口増減率、生産年齢人口比率、出生特殊出生率、若年層有配偶者調査・男、若年層有配偶率・女、老年人口増減率、老年人口比率、老齢化指数世帯数(住民基本台帳)、平均寿命・男、平均寿命・女、世帯増減率、1世帯あたり人員、高齢夫婦世帯数、高齢単身世帯数、地方税収額、地方税収増減率、人口1人当たり地方税収額、歳出決算総額、歳出1人当たり歳出決算総額、経常収支比率、実質収支比率、公債費負担比率、実質公債費比率、将来負担比率、財政力指数、自主財源比率、交付税依存度、人口1人当たり地方債残高、人口1000人当たり職員数、事業所数、事業所数(民営)、ラスパイレス指数
　ファイル2: 従業者数、従業者数(民営)、上場企業本社数、未上場有力企業本社数、製造品出荷額、製造品出荷額増減率、従業者1人当たり製造品出荷額、製造品出荷額1位業種と構成比、製造品出荷額2位業種と構成比、製造品出荷額3位業種と構成比、粗付加価値額、従業者1人当たり粗付加価値額、卸売業年間販売額、小売業年間販売額、人口1人当たり小売業年間販売額、大型店店舗数、大型店店舗面積、人口1人当たり大型店店舗面積、労働力人口、労働力人口増減率、労働力率(30～40代女性)、労働力率(高齢者)、就業人口構成(第1次産業)、就業人口構成(第2次産業)、就業人口構成(第3次産業)、完全失業率、完全失業率(若年層)、昼夜間人口比率、自市内従業者割合、納税者1人当たり所得、持家世帯比率、1世帯あたり住宅延べ床面積、住宅地価、1世帯あたり乗用車保有台数、人口1万人当たり病院・診療所数、人口1万人当たり医師数、介護老人施設定員数、公共下水道普及率、1万世帯当たり建物火災出火件数、人口1万人当たり交通事故発生件数

● 『地域ハンドブック：地域データと政策情報』（日本政策投資銀行年刊）

地域経済・地域社会に関するデータを項目ごとに都道府県別で見ることができます。主要都市の基本データも掲載されています。また、主要な地域政策や地域プロジェクトの情報も収録されています。

● e-Stat

政府統計の総合窓口（e-Stat）内の地方統計ページです。主要な統計データで全国の各地方公共団体を紹介するとともに、各種分野別統計データを提供しています。

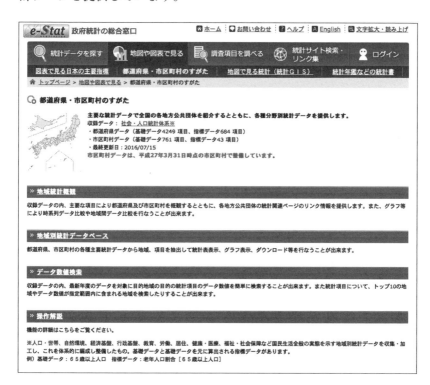

② 人口・就業者
● 『国勢調査報告』（総務省統計局　5年ごと刊行）

　日本の人口の状況を明らかにすることを目的として、調査時に日本に常住している人すべてを対象とした人口・世帯調査報告です。複数巻に分けて刊行されており、都道府県ごとの分冊もあります。この資料から得られる市区町村別の主なデータとしては、男女・年齢別の人口、核家族・単独世帯数、産業別就業者数、職業別従業者数などがあります。調査の詳細については総務省統計局HPの統計データより「国勢調査」を見ることができます。

③ 企業・従業者
● 『事業所・企業統計調査報告』（総務省統計局　5年ごと刊行）

　事業所および企業の産業、従業者規模等の基本的構造を明らかにすることを目的とした調査です。複数巻に分けて刊行されており、都道府県ごとの分冊もあります。この資料から得られる市区町村別の主なデータとしては、経営組織・従業者規模別の事業所数および従業者数、産業別事業所数および従業者数などがあります。

④ 各種産業
● 『生産農業所得統計』（農林水産省大臣官房統計部　年刊）

　農業産出額と生産農業所得に関する推計結果を、全国、市町村別に収録した資料です。米、麦類、雑穀、豆類、いも類、野菜、果実、花き、工芸農作物、種苗等、肉・乳用牛、豚、鶏などにおける推計データのほか、主要農産物の産出額と構成比（50位まで）、全国、農業地域別、都道府県別の農産物産出額の順位と構成比が掲載されています。農林水産省HPの生産農業所得統計で最新の調査結果および平成15年

以降のバックナンバー、長期累年統計をみることができます。

- 『工業統計表 市区町村編』(経済産業省 年刊)

　工業統計調査は、製造業に属する事業所を対象とし、工業の実態を明らかにするための調査です。市区町村編は、従業者4人以上の事業所について、主要な調査項目を市区町村別に集計したもので、事業所数、従業者数、現金給与総額、原材料使用額、製造品出荷額等、粗付加価値額および有形固定資産年末現在高(従業者30人以上)などを調べることができます。経済産業省HPの工業統計調査から調査結果をみることができます。

- 『商業統計表第3巻産業編(市区町村表)』(経済産業省経済産業政策局調査統計部　2年または3年ごと刊行)

　商業統計調査は卸売・小売業に属する事業所を対象とし、商業全体の構造、実態を明らかにするための調査です。市区町村編各市区別かつ産業小分類別に事業所数、従業者数、年間商品販売額、商品手持額、売り場面積などを調べることができます。経済産業省HPの商業統計で調査結果をみることができます。

　(3)の②③④の項目に関する統計値は、「総務省統計局」の「統計データ」に集約して掲載しています。このデータは、活用範囲が広いために、今後のローカルベンチマークの指標作成や対話の情報収集には大いに役立ちます。

　膨大なデータがありますから、求める情報を検索する方法を身に着けてください。

〈検索手順〉

「総務省統計局」⇒「統計データ」⇒「統計データを探す」～

　この検索によって、地域金融機関は、種々のデータを収集し、企業・業種の情報を得て、取引先企業へのアドバイスや、資金支援を行う企

業・業種を絞り込むことができるかもしれません。

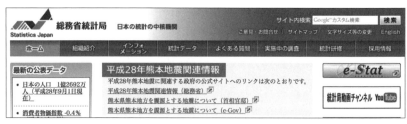

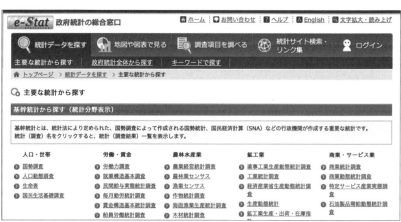

次に、都道府県別・医薬品・生産〜などを検索すれば、医薬品生産を行う企業に対して、融資増額や資本性借入金支援のアドバイスができるようになるかもしれません。

〈検索手順〉

(「総務省統計局」⇒「統計データ」)⇒「統計サイト検索・リンク集」⇒「都道府県別・医薬品・生産〜」⇒「第1表都道府県別医薬品生産・輸入・出荷・在庫金額のエクセル・データ」〜

(4) 市町村地域産業連関表

産業連関表は、財・サービスといった産業ごとの生産構造と販売構造をみることができ、経済構造の把握をしたり、生産波及効果を見ることができます。生産構造とは、どの産業からどれだけ原料等を入手し、賃金等を払っているかなどを把握し、販売構造は、どの産業に向けて製品を販売しているかを見ます。

以下の表を縦にみると、ある産業の生産額のうち、どのくらいが原材料で、どのくらいが従業員の給料や企業の利益になっているかを把握できますし、表を横にみると、ある産業の生産額が、他の産業の原材料や個人消費、輸出などに、どれだけ向けられたかが、わかります。
　日本全体の産業連関表は、総務省が作成しています。

　一方、都道府県レベルにおける地域産業連関表は、おおむね上記の国の産業連関表に準じて作成されていますが、1990年以降には、ほぼ全都道府県で作成されるようになりました。公共投資やイベントの経済波及効果などの各種政策分析に使われ始めていますが、最近では、地方自治体においても、政策評価を実施しようと、この産業連関分析

が注目されています。ただし、政令指定都市を除くと、市町村レベルにおいては、地域産業連関表を作成しているところはほとんどないと言われています。

ということで、県トップクラスの地域金融機関については、都道府県や政令指定都市の産業連関表を利用することができるものの、信用金庫・信用組合などは、市町村自身で地域産業連関表が作成できるようになることを見定めながら、情報提供を受け入れて、これらを大いに活用するべきであると思います。

2 地域の経済・産業の把握・分析の具体的手法RESAS

「地域企業評価手法・評価指標（ローカルベンチマーク）検討会」においては、種々の地域情報の中から、「RESAS（地域経済分析システム）」について詳しく述べています。

RESASによる地域の経済・産業の把握・分析については、最近、各方面で評価されています。

(1) RESASの概要

2000年以降、不良債権先の対策や金融検査マニュアル準拠の動きからか、各金融機関とも、地域の情報収集やデータ分析に対してはあまり力を入れているとは言えません。実際、人件費リストラの一環ということか、調査部から産業調査部門をなくしたり、審査部においても業界調査部門を縮小させています。ローカルベンチマークにおける「第一段階」は、「地域の経済・産業の把握・分析」ですから、各地域金融機関とも、この分野については多少の戸惑いがあるものと思います。現時点で、すべての金融機関が、この分野を十分にこなす体制ができる

とは言えません。

そこで、「地域企業評価手法・評価指標（ローカルベンチマーク）検討会」では、RESAS（地域経済分析システム）の手法を、詳しく紹介することになったものと思われます。

これは、地域経済にかかわるさまざまなビッグデータ（企業間取引、人の流れ、人口動態、等）を収集し、わかりやすく「見える化（可視化）」したシステムです。

（参考）https://resas.go.jp/

>>> RESAS（地域経済分析システム）とは

目的
- ▶人口減少、過疎化が構造的に進展し、疲弊する地域経済を真の意味で活性化させていくためには、自治体が、地域の現状・実態を正確に把握した上で、将来の姿を客観的に予測し、その上で、地域の実情・特性に応じた、自発的かつ効率的な政策立案とその実行が不可欠。
- ▶このため、国が、地域経済に係わる様々なビッグデータ（企業間取引、人の流れ、人口動態、等）を収集し、かつ、わかりやすく「見える化(可視化)」するシステムを構築することで、自治体による様々な取組における、真に効果的な計画の立案、実行、検証(PDCA)を支援する。

RESASを用いて把握できること（一例）

❶産業マップ

企業数・雇用・売上で地域を支える産業が把握可能に
行政区域を超えた産業のつながりが把握可能に（※）

❷地域経済循環マップ

自治体の生産・分配・支出におけるお金の流入・流出が把握可能に

❸農林水産業マップ

農業部門別の販売金額割合が把握可能に
農業経営者の年齢・農地の利用状況が把握可能に

❹観光マップ

どこからどこに人が来ているか把握可能に
インバウンド観光動向が把握可能に

❺人口マップ

人口推計・推移、人口ピラミッド、転出入を合算して把握可能に
地域の少子化と働き方の関係が把握可能

❻消費マップ

飲食料品や日用品の購入金額・購入点数の商品別シェアが把握可能に

❼自治体比較マップ

各種指標を他の自治体と比較し、自らの位置付けを把握可能に

RESASのご利用はこちらから
https://resas.go.jp/
(Google Chromeよりご覧ください)

（※）企業間取引データは、国および地方自治体の職員が一定の制約の下で利用可能な「限定メニュー」

4 ローカルベンチマークの第一段階

》ローカルベンチマークにおけるRESASの活用～分析の流れ～

- ローカルベンチマークの第一段階の部分についてRESASを活用。地域の産業構造、経済循環の状況、賃金・雇用の状況、地域企業が属する産業の財務情報等を分析。
- 第一段階で地域の経済・産業の現状と見通しの把握ができた後は、重点的に取り組むべき産業に属する個別の企業の経営力評価と経営改善に向けた財務評価及び非財務情報の収集による事業性の評価を実施。

地域実態の把握（第一段階）：RESASの活用

❶ 地域の産業構造について分析（全産業花火図、稼ぐ力分析、地域経済循環マップ等）

 支援機関や金融機関、地公体といった各プレーヤー間で情報共有や連携を行うことが望ましい。

❷ 地域企業が属する産業の財務状況について分析（中小・小規模企業財務比較）

個別企業の経営診断（第二段階）：ローカルベンチマークツールの活用

❸ 個別企業の財務情報を分析

ローカルベンチマークツールを基本的な枠組み、「入口」として、それぞれの企業や金融機関、支援機関が独自の視点・手法で、より深い対話や理解を進めることが期待される

❹ 個別企業の非財務情報を分析

　RESASは、地域の産業、地域経済循環、農林水産業、観光、人口、消費、自治体間比較などを行うこともできます。これらの項目の比較を行うことで、対象企業の地域の関わりや影響力が浮き彫りになって各金融機関や各支店においても新しい施策を生み出すこともできるようになります。

(2) RESASの地域経済循環マップ

　また、地域経済循環マップでは、地域ごとに、生産、分配、支出の3つの面から経済の鳥瞰図を見ることができます。地域経済の分析では、地域の生産面の分析が主なものであり、地域の住民の所得を示す分配面、地域の消費活動や投資活動を示す支出面の分析も、「見える

化」が可能となり、対象企業の位置づけが客観的に描けます。これらの数値によって、対象の企業の地域における影響度も概観することができます。一般向けには、地域経済循環マップ（地域循環図、生産分析、支出分析等）、自治体比較マップ（製造品出荷額、年間商品販売額、付加価値額、労働生産性等）などのデータの閲覧が可能となっています。

　これにより、地域の経済を支える主要産業や域外からお金を稼ぐ産業の特定、産業別にどの地域や産業との結びつきが強いか、産業別での個別企業同士の取引関係などを把握することが可能となっています。

≫≫≫ 「地域経済循環図」で地域の所得構造、支出構造について分析

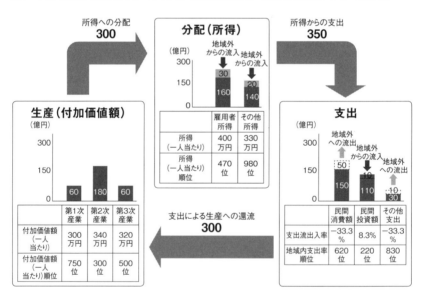

(3) RESASの花火図

地方公共団体等の行政組織においては、全産業、産業別や企業別の花火図として、全産業花火図、産業別花火図、企業別花火図の利用が可能です。

企業間の取引構造を見ていくと、企業を中核とした花火のようなネットワーク図が出てきます。このようなネットワーク図を「花火図」と呼んで、地域と企業の関連を俯瞰することができます。RESASでは、これを、以下のように「三つの花火図」として表現しました。

○全産業花火図……地域内の主要産業の全体像を把握する。
○産業別花火図……個別産業毎に地図上にプロット（配置）することで、行政区域を超えた取引ネットワークやサプライチェーン、産業構造を把握する。
○企業別花火図……地域経済への貢献度が高いコネクターハブ企業を中心とした取引関係を把握する。

この花火図の中で、最も広範に描いた図が、全産業花火図です。

》》図1　小松市の産業の付加価値額（中分類）（2012年）

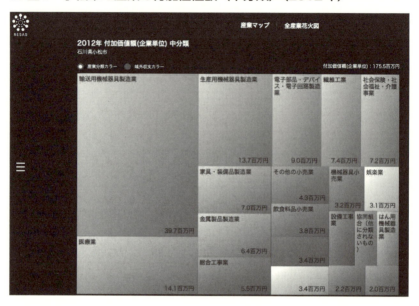

　この「全産業花火図」は、面積と色彩で、地域と企業の関係を示しています。その考え方は、以下の『2014年版 中小企業白書、第4部第3章「コネクターハブ企業と地域産業構造分析システム」2．地域経済産業分析システム』の図によって、理解することができます。

※　本書では、残念ながら、カラーでお見せすることができませんが、上記「全産業花火図」は次のウェブサイトをご覧ください。
http://www.kantei.go.jp/jp/singi/sousei/resas/pdf/h27-10-13-what-resas.pdf
　また、以下の第4-3-2図〜第4-3-8図については、上記『2014年版 中小企業白書』の下記ウェブサイトをご覧ください。
http://www.chusho.meti.go.jp/pamflet/hakusyo/H26/h26/index.html

第4-3-2図　全産業花火図のイメージ図

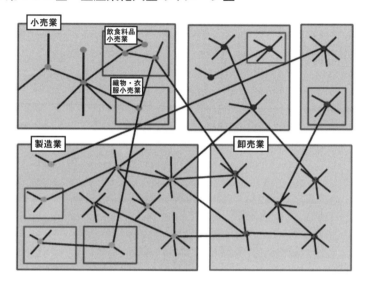

　第4-3-2図は業種別に中核となる企業を中心に取引が示されています。それぞれの業種が占める面積は、その業種の企業数、従業員数、売上高等によって表示が可能であり、これらの全体像を視覚的に把握することができます。また、業種を囲む四角形の色によって、域外への販売額と域外からの仕入額の差の多寡を把握することができます。例えば、赤であれば域外への販売額が域外からの仕入額を上回っており、青であれば域外からの仕入額が域外への販売額を上回っているということです。

　この内容を、島根県松江市のケースで説明すると下記の通りになります。

第4-3-3図　松江市の全産業花火図

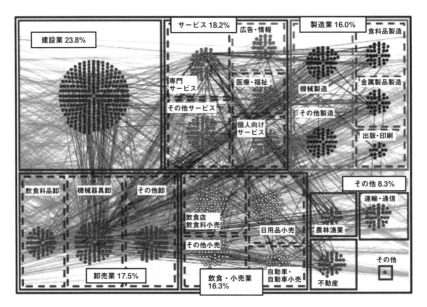

資料：㈱帝国データバンク調べ
(注) 1. それぞれの点は松江市の企業を示している。また、線は企業と企業を結ぶ取引を示す。「赤」は松江市の企業から域外の企業への販売を、「青」は松江市の企業の域外の企業からの仕入を、「黒」は松江市の企業同士の取引を表している。
2. 業種を囲む長方形の面積の大きさは、松江市の企業数全体に占めるその業種の企業数の割合を示す。また、「赤」はその業種の域外への販売額が域外からの仕入額を上回っていること、「青」はその業種の域外からの仕入額が域外への販売額を上回っていることを示す。

》》第4-3-4図　業種の位置変更後の全産業花火図のイメージ図

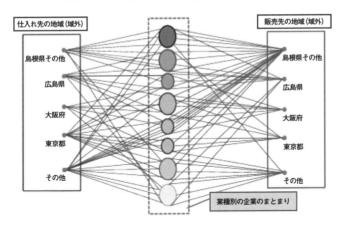

》》第4-3-5図　機械製造業に着目した松江市の全産業花火図

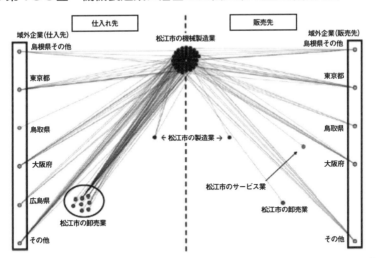

資料：㈱帝国データバンク調べ

　この島根県松江市で全産業花火図を見ると、建設業やサービス業の占める面積が大きくなっており、松江市では、これらの業種の企業の

数が多く、地域内の経済を支えていることがわかります。それぞれの業種の域外への販売額と域外からの仕入額の差に着目する広告情報、機械製造、その他製造の業種を囲む長方形が赤く表示されており、これらの業種で域外への販売額が域外からの仕入額を上回っていることがわかります。すなわち、これらの業種の企業が域外から資金を獲得し、地域内に循環させることで、松江市の経済を活性化させているといえます。したがって、島根県の地域金融機関は、ビジネスマッチングやコンサルティングばかりではなく、その業種の企業に、域外・域内の取引に沿った資金ニーズに対して、メリハリを付けた資金支援を行うという施策が生まれてきます。

　一方、以下の第4-3-7図の「産業別花火図」は、個別産業別に地図上で取引ネットワークを示して、地域を超えた仕入れ・販売を把握できるものです。行政区域を超えた取引ネットワークを産業別に見ていくと、産業によっては、一自治体が単独で支援していくよりも、サプライチェーンが広がる複数の自治体において共同で支援した方が、より効率的かつ効果的な産業もあることがわかります。このことは、地域金融機関にも言えることです。地域の個別産業がどこから仕入れてどこに販売しているかを見ることで、物流政策のアドバイスや資金支援にも役立ちます。

　また、この図は、石川県と福井県・富山県における繊維工業の産業別花火図ですが、石川県南部・中部と福井県北部の繊維工業同士の取引関係にまたがっていることがわかります。繊維工業品の商品の付加価値は、県境を超えた取引ネットワークの中で高められていることから明らかになり、金融機関で言うならば、一つの支店での支援というよりも、二県にわたる複数の支店が連携して支援を行った方が、より効果が高いということがわかります。

第4-3-7図　石川県・福井県の産業別花火図（繊維工業）

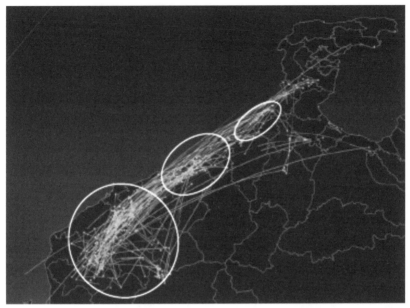

資料：㈱帝国データバンク調べ

　さらに、「企業別花火図」は、地域や個別産業ごとに取引関係を把握することができます。そのイメージが第4-3-8図です。取引先の企業は、同じ地域内の企業または地域外の企業が、販売先・仕入先の区分によって分かれています。また、それぞれの企業の売上高の前年対比が青と赤で示されています。この「企業別花火図」によって、取引関係の全体像やその変化を詳しく見ることができます。この企業が、地域や地域外でどのような取引を行っているか、将来的には、その業務内容がどのように変化していくか、当社の施策効果をいかに把握することができるようになるか、などを掴むこともできます。

》》第4-3-8図　企業別花火図のイメージ図　■企業別花火図のイメージ①

■企業別花火図のイメージ②

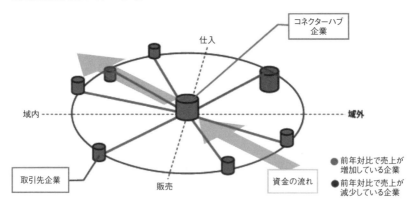

▍コメント▍

　この花火図によって、地域中核企業の取引関係が見える化（可視化）され、有機的でワイドな産業政策の必要性が明らかになります。金融機関としては、近隣県と一体化したビジネスマッチングやコンサルティングばかりではなく、営業・販売・コスト面の各アドバイスも行うことができます。企業としても、販路の拡大、新規先の開拓、流通の

合理化、人員配置の効率化などの気付きもあると思われます。企業、金融機関、支援団体、専門家、地方自治体間の対話は、活発化されるものと思われます。

(4) RESASにおける「稼ぐ力分析」「生産分析」等

行政組織以外の金融機関や支援団体・専門家についても、たとえば、地域の年間商品販売額、労働生産性等のメニューを利用することもでき、RESASで提供しているデータの計算式（ハブ度、コネクター度〈＊〉等に関する計算式）も活用することが可能であり、それぞれの機関が保有するデータ等を絡めて、地域経済を俯瞰し、アクションプランの策定にも役立ちます。

また、産業の付加価値額や労働生産性等の特化係数分析等を活用することで、地域と他地域との比較等を把握し、金融機関ならば、その支店の業務目標の作成にも使うことができます。

〈＊〉ハブ度＝域内仕入額÷（域外仕入額＋域内仕入額）
　　　コネクター度＝域外販売額÷（域外販売額＋域内販売額）

≫≫ 「稼ぐ力分析」で付加価値額と労働生産性の関係を表示

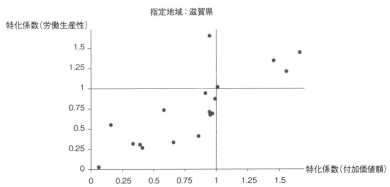

特化係数（付加価値額）×特化係数（労働生産性）
2012年
指定地域：滋賀県

≫≫ 「生産分析」で影響力係数・感応度係数について分析

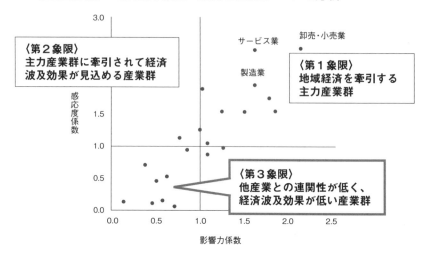

　以上のように、RESASを活用して、地域戦略を立てる場合、全ての中小企業を一律に捉えることは現実的な効果が見込めません。検討にあたって、コネクターハブ企業や地域コングロマリット企業といった、地域の経済や雇用を支える中核となる企業群の収益性や持続可能性が適切に評価できるように留意することが重要と言えます。

》》RESAS活用開始時における対象企業群

（1）コネクターハブ企業
○地域の中で取引が集中しており（ハブ機能）、地域外とも取引を行っている（コネクター機能）企業のうち、特に地域経済への貢献が高い企業（地域からより多くの仕入を行い、地域外に販売している企業）を指す。海外からの需要を取り込むグローバルニッチトップ企業も含まれる。
○地域経済への波及効果が大きく、良質な雇用機会を提供する。
○業種：主に、製造業等の域外市場産業であることが想定される。

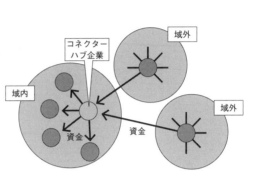

（2）地域コングロマリット企業
○交通事業や小売事業など、地域における主要な生活基盤を構成する事業の複合体から構成される企業を指す。
○事業の社会的な意義や雇用の観点から、地域経済を支えており、撤退障壁が高い。
○業種：不動産業、建設業、運輸業、小売業等の様々な業種のコングロマリットとなっている事例が多い。

（5） RESASと企業群の財務比較分析の活用法

》》実際の活用例① ～地域内で特化係数の高い産業の財務比較分析～

- 長野県は製造業の特化係数（付加価値額）が1.42と高い。一方で、製造業の財務内容について全国平均と比較し営業利益率が低いなどの課題があることが分かる（同様に特化係数（付加価値額）が高い近隣の山梨県と比較しても低い）。
- この特徴を把握した上で、同産業の個別企業を診断し、支援策を検討することが必要である。

「稼ぐ力分析」で産業ごとの特化係数を表示
特化係数（付加価値額）× 特化係数（労働生産性）
2012年

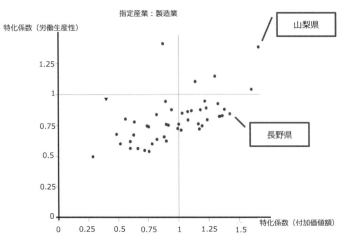

「中小・小規模企業財務比較」で産業ごとの財務指標のランクを表示
レーダーチャート（指定産業内）

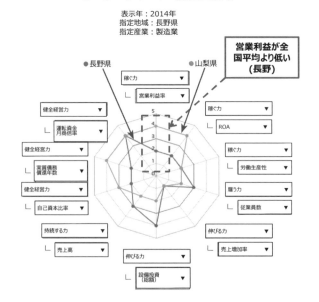

■コメント■

　おそらく、長野県の各地域金融機関は、取引先の大手数百社の特化係数（労働生産性）と営業利益率を検討し、個社別対応や支店（営業店）貸出目標を設定することになると思います。また、各企業や支援団体も、このマクロ係数を見ながら、自社の財務情報や非財務情報、またライフステージ情報の実態を踏まえ、金融機関や地方公共団体などを交えて、具体的な検討に入っていくものと思われます。同時に、長野県の各地域金融機関は、山梨県の個別企業の実情調査を行い、対話の幅を広げるものと思います。

4．実際の活用例②　～地域の重要産業の財務面の課題分析～

- 大分県の宿泊業、飲食サービス業の特化係数（付加価値額、従業員数）が高い。域内で重要な産業と位置づけられるが、財務比較を行うと設備投資（総額）が地域間、産業間平均を大きく下回っている。また、実質債務償還年数についても平均を大きく下回っている。そのため、宿泊業、飲食サービス事業者の債務負担が重く新規設備投資の余裕がないと推測される。
- この状態を改善するために、同産業の個別企業を診断した上で金融機関等の支援機関が何らかの対策をうつ必要がある。

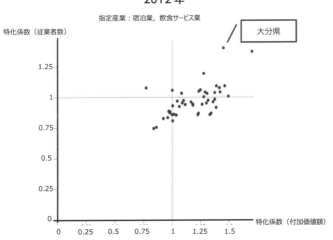

「中小・小規模企業財務比較」で産業ごとの財務指標のランクを表示
レーダーチャート（指定産業内）

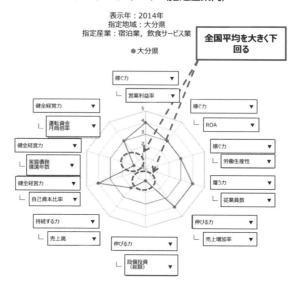

■ コメント ■

　おそらく、大分県の「中小・小規模企業財務比較」では、設備投資（総額）、実質債務償還年数が低く、自己資本比率が高いとなっていますが、金融機関の融資姿勢に課題があるのかもしれません。大分県の金融機関の決算状況は、金融庁のホームページの「銀行等の預金取扱機関」の「中小・地域金融機関の主な経営指標」の大分県の欄を見れば、以下の通りです。

I. 地方銀行（27年3月末時点）

金融機関コード番号	金融機関名	本店所在地	店舗数	預金（億円）	貸出金（億円）	自己資本比率（％）
0183	大分銀行	大分県大分市	83	25,624	17,858	10.07

II. 第二地方銀行(27年3月末時点)

金融機関コード番号	金融機関名	本店所在地	店舗数	預金(億円)	貸出金(億円)	自己資本比率(%)
0590	豊和銀行	大分県大分市	42	5,148	4,052	8.12

III. 信用金庫(27年3月末時点)

金融機関コード番号	金融機関名	本店所在地	店舗数	預金(億円)	貸出金(億円)	自己資本比率(%)
1960	大分信用金庫	大分県大分市	27	2,066	859	23.50
1962	大分みらい信用金庫	大分県別府市	34	3,605	1,789	13.83
1968	日田信用金庫	大分県日田市	7	412	189	10.37

IV. 信用組合(27年3月末時点)

金融機関コード番号	金融機関名	本店所在地	店舗数	預金(億円)	貸出金(億円)	自己資本比率(%)
2870	大分信用組合	大分県大分市	41	3,524	1,828	9.91

　各地域金融機関とも、預金に比べ、貸出金の金額が少額になっています。地域の資金を地域に還流させるという、金融機関の仲介業務が機能しているとは言えません。短期継続融資や資本性貸出金など、実際には返済が伴わない資本性の高い資金支援を行うことも一策と思われます。ローカルベンチマーク指標を活用した対話において、企業や支援団体が、金融機関に問題提起をすることも考えられます。

　また、各地域金融機関は、『「稼ぐ力分析」で産業ごとの特化係数を表示』を基に、取引先の大手数百社の特化係数（付加価値額）と特化係数（従業者数）を検討することになると思います。各企業や支援団

体も、マクロの係数を見ながら、自社の財務情報や非財務情報、またライフステージ情報の実態を踏まえ、金融機関や地域公共団体などを交えて、具体的な検討に入っていくものと思われます。

≫ 実際の活用例③〜人口増減と域内依存度の高い産業の財務比較分析〜

- 人口減少地域で産業を持続するためには労働生産性の改善が必要。2015年の人口増減（2010年度対比）を見ると、和歌山県（−4.06％）、鳥取県（−3.64％）と人口減少が進行している。同地域内で、域内の人口への依存度の高いサービス業である、医療、福祉業の財務比較を実施。その結果、和歌山県は鳥取県と比較し労働生産性が低いことがわかる。
- そのため同産業の個別企業を診断し、早期改善が必要な企業に適切な支援策を提案していくことが必要である。

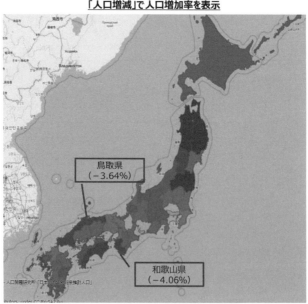

「人口増減」で人口増加率を表示

4 ローカルベンチマークの第一段階

「中小・小規模企業財務比較」で産業ごとの財務指標のランクを表示
レーダーチャート（指定産業内）

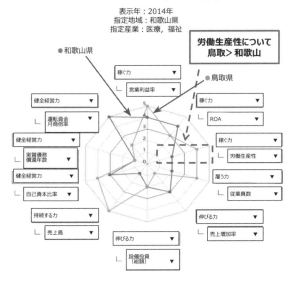

■コメント■

　和歌山県の医療・福祉業者に関して、事業性評価をするにあたり、「和歌山県は人口減少地域であり、人口の増減に依存する医療・福祉業は、今後、成長の見込みがない」という結論を出すことは早計です。和歌山県と同様に人口減少が進んでいる鳥取県と比較すると、鳥取県は労働生産性が高いことが明らかになっています。地域金融機関としては、鳥取県の医療・福祉業者の労働生産性が高いことの原因を調べ、自行庫と取引のある和歌山県の医療・福祉業者の実態を把握する必要があります。

　ローカルベンチマークにおける第一段階の地域実態の把握において、鳥取県との比較で明らかになった和歌山県の医療・福祉業に関する課題を明確にして、第二段階の財務情報や非財務情報またライフステージを参考にしながら、企業と税理士などの専門家、そして地域金融機

関が対話を行うことが重要になります。

3 地域に貢献する企業の影響度の把握

(1) 地域への貢献企業

　地域企業は、地域の経済情勢・外部環境に左右されると同時に、規模や取引形態に応じて地域経済に影響を与え、貢献することが多々ありました。地域経済に対する影響の与え方はさまざまであり、その影響の度合いもさまざまですが、これを把握することは重要です。

　たとえば、地域には前述の「地域コングロマリット企業」と言えるような、多様なサービスを展開している地域密着型の企業が存在しますが、これら企業は、地域の生活インフラを支え、雇用の場を提供するなど重要な役割を果たしています。地域経済に与える影響度が大きい企業は、従来、地域の中で取引が集中している企業、地域外との取引量が多い企業、地域において特定の分野等で大きな存在感を持つ企業でしたが、規模は小さいものの、その企業がなければサプライチェーンが成り立たない企業等、成長力が大きく地域に貢献する企業もかなりあります。地域金融機関は、ハマチやブリのような「出世魚・成長魚」のように企業が大きくなるまで支え、応援することが使命であるとも言えます。

　しかし、最近では、中小企業は大きくなると、本社を首都圏に移す傾向があります。地元志向が薄れ、仕入先や従業員も他の地域に求め、地域の衰退の原因になっているようです。地域金融機関においても、企業の業績が低下すると短期的な収益改善を狙って人件費リストラを迫ることが多くなり、そのプレッシャーによって、地元の中小企業の企業規模が小さくなったり、廃業に迫られるケースが目立っていると

のことです。そして、経営が悪化することで雇用数が減少し、地域の経済・社会に与える影響が大きくなり、そのような企業が増加すれば、この悪影響は無視できない大きさになってしまいます。

(2) 分析の視点と金融機関としての役割

　一方、業績が上向いて、M＆Aの買い手になることなどで、企業規模が拡大する中小企業もあります。

　製品・サービスの市場における占有度で、一定のシェアを確保する企業もあります。特に、国際市場の開拓に取り組んでいる企業のうち、ニッチ分野において高いシェアを確保する「グローバルニッチトップ企業」などは、注意して見れば、どこの地域にもあります。これらの企業は、周りの企業とは比較できないような好調な業績を残しています。あるいは、地域とともに持続的な繁栄を引っ張っていくような生産性・収益性が高い企業もあり、地域の特徴を生かした商品・サービスを生み出している企業もあります。

　これらの企業は、付加価値等の貢献度等の指標によって判断することもできます。また、地域における取引の集中度（ハブ度）、地域外との取引量の多さ（コネクター度）といった指標でも、見つけ出すことができます。地域や業界のサプライチェーンに与える影響を把握する上でも参考になります。

　特に、前述した「地域コングロマリット企業」については、グループ内企業を合算して分析するとともに、グループ企業間の資本関係や商流等の結び付きについても知る必要があります。このような企業を取引先とする金融機関は、企業グループとして、広く深く把握する必要があります。金融機関として、ビジネスマッチングやコンサルティ

ングの大きな情報源になることはもちろん、仕入先・取引先・雇用先などのステークホルダーに対して金融機関の取引先拡大につながることにもなります。地域金融機関としてローカルベンチマークやその後の対話をきっかけとして、グループ企業の実態把握に向けた取組みが期待されます。

(3) 「地域コングロマリット企業」へのローカルベンチマークと対話

　このような「地域コングロマリット企業」や成長企業に対して、金融機関や税理士などの専門家が保有している企業の情報を基に、RESAS等で統計的に得られるデータや指標を参考にしつつ、企業に対して、情報を提供したり、アドバイスやコンサルティングをすることができるようになりました。この時に、地域金融機関としては、地方公共団体や学校・医療福祉などの地域情報も提供することができれば、企業から高い評価を得、同時に地域貢献にも役立つことになります。

　また、金融機関においては、一般社団法人CRD協会が提供するCRD（Credit Risk Database）のデータを元に構築された「CRDモデルによる企業の将来の信用力予測」、「CRDの地域別・業種別の各種統計情報」や「中小企業経営診断システム（McSS）〈＊〉」等を活用することもできれば、その信頼も深まることになると思います。

〈＊〉McSS（Management consulting Support System／中小企業経営診断システム）は、一般社団法人CRD協会が提供する財務診断システム。CRDに集積された約100万社の決算データと比較した診断、同業種内や地域内、売上規模による順位や偏差値を算出し、各種の経営指標を同業種平均値と比較することが可能となっています。

第5章

ローカルベンチマークの第二段階
(個別企業の経営力評価と対話)

1　ローカルベンチマークの第二段階の概要

　ローカルベンチマークの財務指標と非財務指標は、ともにこの指標に基づく対話を想定して、その指標の数を限定しています。対話については、参加者が建設的で目的を持った会話の中で、相互に意見交換することを想定していますから、理解しやすく意見が述べやすく、また糊しろ部分が広い指標であることが望まれます。

≫＜第二段階＞個別企業の経営力評価と改善に向けた対話（企業の健康診断）

（筆者注）上図の「支援機関」は「支援団体」と読み替えてください。

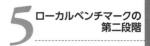

≫ ＜第二段階＞財務情報に基づく分析

●企業の成長性や持続性等を把握し、対話を行うためのきっかけとなる6指標を抽出。

① **売上増加率（＝（売上高／前年度売上高）－1）**
・キャッシュフローの源泉。
・企業の成長ステージの判断に有用な指標。

② **営業利益率（＝営業利益／売上高）**
・事業性を評価するための、収益性分析の最も基本的な指標。本業の収益性を測る重要指標。

③ **労働生産性（＝営業利益／従業員数）**
・成長力、競争力等を評価する指標。キャッシュフローを生み出す収益性の背景となる要因として考えることもできる。
・地域企業の雇用貢献度や「多様な働き方」を考えれば、本来、「従業員の単位労働時間あたり」の付加価値額等で計測すべき指標。

④ **EBITDA有利子負債倍率（＝（借入金－現預金）／（営業利益＋減価償却費））**
・有利子負債がキャッシュフローの何倍かを示す指標であり、有利子負債の返済能力を図る指標の一つ。

⑤ **営業運転資本回転期間（＝（売上債権＋棚卸資産－買入債務）／月商）**
・過去の値と比較することで、売上増減と比べた運転資本の増減を計測し、回収や支払等の取引条件の変化による必要運転資金の増減を把握するための指標。

⑥ **自己資本比率（＝純資産／総資産）**
・総資産のうち、返済義務のない自己資本が占める比率を示す指標であり、安全性分析の最も基本的な指標の一つ。自己資本の増加はキャッシュフローの改善につながる。

そのために、財務指標は、企業の成長性・収益性・生産性・安全性・効率性の5項目の中から、原則、それぞれ1つを選択しています。ただし、安全性については、上記の表では、自己資本比率とEBITDA有利子負債倍率の2つの指標を入れていますが、この自己資本比率については、必ずしも安全性に閉じ込める指標ではありません。多くの財務指標の中から1つ選択するとしたならば、正に「自己資本比率」ということになり、上記5項目が上手く稼働して、自己資本比率が高まることになるのです。この6つの指標によって、対象企業における企業力の推察ができ、また他社との数値的な比較ができるようになります。

一方、非財務指標についても、概していえば、金融検査マニュアル別冊（中小企業融資編）の27事例を、「経営者、事業、企業を取り巻く環境・関係者、内部管理体制」の4つの各着目点に分けて、選択しています。

≫ 金融検査マニュアル別冊（中小企業融資編）27事例の定性分析項目別の類似事例分類表

定性分析項目		類似事例	補足・細目事項
将来返済力	営業力（販売力）	7、8	8例は銀行との意思疎通を重視
	技術力	5、6	6例は銀行との意思疎通を重視
	経営者の資質（経営計画）	11、12、13、14	
	経営者の資質	9、16、17	（貸出条件履行等）特に9例は代表者個人の信用力
潜在返済力	実質同一体	1、2、3	
	外部支援度	4、15	4例は代表者の家族、15例は銀行の各支援度
	キャッシュフロー	10、28	10例は減価償却、28例は本業が順調
貸出条件緩和債権	元本返済猶予債権	19、20、21、22、23	19例はコロガシ借入、20例は短期継続融資、21例は法定耐用年数内期限、22例は信用保証協会で保全、23例は担保保証で保全
	同上（正常運転資金）	18	18例は在庫借入
	卒業基準	24、25	24、25例は「合理的かつ実現可能性の高い経営改善計画」が必要
	資本的劣後ローン	27	一定の5つの条件と合理的かつ実現可能性の高い経営改善計画

2008年11月7日の金融検査マニュアル別冊（中小企業融資編）の改訂で第25事例は削除され、2015年1月20日に第20事例が追加されました。
この追加に伴い、従来の20～24事例は21～25事例となり、第26事例が飛び番号になりました。
そこで、27・28事例は従来の26・27事例ということになっています。

　この4項目については、大企業・上場企業に対する2014年12月の「コーポレートガバナンス・コード原案」の5原則にも重なる点があります。その5原則とは、「①株主の権利・平等性の確保、②株主以外のステークホルダーとの適切な協働、③適切な情報開示と透明性の確保、

④取締役会等の責務、⑤株主との対話」であり、特に、①〜④の４原則はこのローカルベンチマークの非財務情報部分であり、第５原則は、正に対話部分と見ることもできます。この４つの着目点から、決算書などの数値では表すことができない企業の強さや将来性を読み取ることができます。

ただし、このローカルベンチマークの財務情報と非財務情報の指標は絶対的なものではなく、その周辺の指標や４つの着目点以外の指標の方が、企業力を明確に表すこともあります。「ローカルベンチマークの検討会」で推薦があった指標は以下のとおりです。

≫ 検討会委員より推薦があった35指標

財務指標（定量）

<成長性>
① 収益性およびその推移
② 売上増加率

<収益性>
③ 粗利率
④ 営業利益率
⑤ 経常利益率
⑥ 固定費比率
⑦ 付加価値率

<生産性>
⑧ 労働生産性

<安全性>
⑨ 自己資本比率
⑩ 純資産額
⑪ 流動比率
⑫ 固定長期適合率
⑬ EBITDA有利子負債倍率
⑭ 経常収支比率

<効率性>
⑮ 営業運転資本回転期間

非財務指標（定量・定性）

<経営者への着目>
① 経営者自身について
② 経営者の思い、事業の方向性、ビジョン、経営理念
③ 経営者の再生に対する意識、スタンス
④ 後継者の有無

<事業への着目>
⑤ 商流について、製品、サービス、ビジネスモデルについて
⑥ 企業及び事業の沿革
⑦ 事業用資産と非事業用資産の区別
⑧ 技術力、販売力の強み、課題はどこにあるか
⑨ 取引先数
⑩ 企画から商品化するまでのスピード、一単位あたりの生産時間
⑪ ITの能力、イノベーションを生み出せているか

<企業を取り巻く環境、関係者への着目>
⑫ 市場規模・シェア、競合他社との比較
⑬ 顧客リピート率、主力取引先企業の推移
⑭ 従業員定着率、従業員勤続日数、従業員の平均給与
⑮ 取引金融機関数とその推移

<内部管理体制への着目>
⑯ 同族企業か否か、社外取締役の設置状況、組織体制
⑰ 経営目標の有無と達成状況
⑱ 人事育成のやりかた、システム
⑲ 社内会議の実施状況
⑳ コンプライアンス上の問題が無いか

2 財務情報・非財務情報と金融機関の審査プロセス

　財務情報と非財務情報によって、経営力の概観を把握できますが、この経営力の把握後に金融機関としては、融資ができる企業か否か、また地域活性化のために融資をするべき企業か否か、を判断する必要があります。金融機関としては、このローカルベンチマークと対話において、常に融資の目線を持つ必要があります。

　実は、この「ローカルベンチマークと対話」の内容を吟味すれば、金融機関の審査プロセスに重なることがわかります。財務情報と非財務情報は、金融機関の審査プロセスの「企業審査」の内容に該当します。

　融資を行うにあたっては、金融機関は貸出が期日までに返済されるかを見通して、融資を実行します。融資期日までの期間に、企業が赤字にならないかをまずは判断します。

　たとえば、次ページの図によれば、仕入・在庫資金の場合は、2ヵ月後に入金が見込まれれば2ヵ月間の融資をしますし、3ヵ月後ならば3ヵ月の融資をします。その2ヵ月間または3ヵ月間、赤字にならなければキャッシュ（返済財源）の不足はないということです。賞与資金は6ヵ月間の引当金の積み上げで、設備資金の場合は10年間の減価償却費の積み上げで返済財源が生まれます。その間、赤字にならないことが審査のポイントになります。

5 ローカルベンチマークの第二段階

≫銀行貸出のパターン

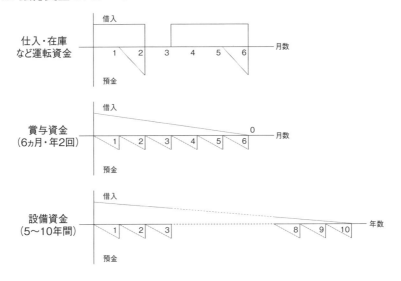

　赤字になるとその赤字を補填するために資金が必要になり、融資の返済財源を侵食してしまいます。

　企業の業績が悪化したり、資産を簿価よりも安く売却したり、棄損をすれば、期間損益が赤字になってしまい、手元のキャッシュが減少しますので、よくフォローしなければなりません。

　短期融資よりも長期融資の方が、厳格な企業審査を行わなければならないことも、期間が長くなれば赤字の可能性が高くなるということです。もしも、その融資期間中に、企業が赤字になる可能性があるならば、現在、企業が持っている（遊休）資産などを担保にとって、その企業に融資の返済財源がなくなった場合は、担保に入れた遊休資産を現金化して、その融資の返済に充ててもらおうということです。保証も同様です。これが、以下の図の「担保・保証チェック」ということです。

》》金融機関の審査プロセス

●第1プロセス

企業審査	第1行程	定量分析（財務分析）チェック＝自己資本比率・債務償還年数など
	第2行程	定性分析（金融検査マニュアル別冊）チェック＝営業力・販売力など

●第2プロセス

事業審査	短期マネーフロー（主に「資金繰り実績・予想表」でチェック）	資金使途チェック 1）仕入・在庫・販売 2）賞与・決算 3）正常なる運転資金
	長期マネーフロー（主に「資金運用調達表」でチェック）	1）設備 2）長期運転資金 3）貸出構成修正 4）事業再生 5）経営改善支援
	資本的資金充当貸出（含、ファンド等）	1）創業（成長） 2）業種転換 3）自己株式購入 4）M&A 5）事業承継

担保・保証チェック
コベナンツ（財務制限条項）
流動資産担保（ABL等）
従来型固定資産担保（不動産・株式等、含定期預金）

 第1プロセス第2プロセスの審査でリスクが大きい時

●第3プロセス（企業審査・事業審査不可の場合）

エリア審査	大分類	小分類
	ステークホルダーへの貢献度	消費者（顧客）
		仕入先
		得意先
		従業員
		株主
		債権者
		地域住民
		行政機関
		その他（　　　）
	地域貢献への当社の意欲	経営者等役員
		従業員
		その他（　　　）
	地域・地元での当社への評価	税理士・会計士
		商工会議所・商工会
		学・官
		その他（　　　）

5 ローカルベンチマークの第二段階

　このように、金融機関は融資にあたって、融資資金の期日返済を念頭に置いて、その返済財源を常にフォローしていかなければなりません。

　一方、このように融資中の企業におけるキャッシュフロー（資金の流れ）を、金融機関はフォローしますが、このキャッシュフローでは説明がつかない融資の案件があります。資本性貸出金や、融資返済条件の緩和である返済猶予は、期日までのキャッシュフローでは説明できない融資形態であり、投資やエクイティ・ファイナンスに近い貸出です。株式投資を行うときは、キャッシュフローや担保などを見ないまま、その企業の情報開示（事業報告書や事業計画書、また企業説明書）の内容によって、資金の投入を決定します。この資本性貸出金や返済猶予の審査は、キャッシュフローではなく、多くは、前ページの図の「エリア審査」というチェックを行います。金融機関としては、リレーションシップバンキング・地域密着型金融という「金融機関は地域に貢献するべし」という見方で、融資先を「地域にとって必要とする企業」とみなしたり、「地域に対して貢献をする企業」であると認めた場合、融資審査で融資を実行したり返済を猶予するという決定をするということです。時には、企業審査と事業審査を行い、次に、担保保証のチェックを行って、どうしても支援するには金融機関として信用面で確信が持てない場合において、この「エリア審査」を行って決定するということもあるのです。

　このような、金融機関の審査プロセスをたどることによって、このローカルベンチマークの第二段階の財務情報と非財務情報の各項目の位置づけが見えてくることになります。同時に、第一段階の「地域の経済・産業の把握・分析」もエリア審査と同様な位置づけになります。

ローカルベンチマークとは、金融機関と企業また支援団体・専門家が対話を行うための叩き台ですから、「ローカルベンチマークと対話」によって、金融機関の融資審査プロセスのすべてのチェックが完了できることが理想とも言えます。金融機関と企業、その支援団体や税理士などの専門家が対話を行うことによって、金融機関が納得して、企業に融資を積極的に行うことができることが望ましい姿ということになるのです。

上記の図であえて言うならば、企業審査とエリア審査が、このローカルベンチマークの指標部分（財務情報・非財務情報）であり、対話部分が、事業審査部分と担保・保証チェック欄（キャッシュフロー予測・遊休資産チェック）ということになります。すなわち、「ローカルベンチマークと対話」によって、金融機関自身が審査プロセスのすべてを完了し、地域のために支援をしたい、または融資をするべきと判断できることが、この「ローカルベンチマークと対話」の目的であり、指標分析や対話のやり取りの一つの目安になるものと思われます。

このような問題意識にて、このローカルベンチマークの「財務情報」と「非財務情報」また「地域の経済・産業の把握・分析」を見ていくことが大切です。

3 ローカルベンチマークの財務情報とは

このような審査プロセスの視点によって、対象企業の財務情報を見ていくことにすれば、財務情報については、金融機関のスコアリングシートの定量分析に重なります。ほとんどの金融機関は、決算報告を判定する定量分析は、スコアリングシートをベースにしたシステム審査を行っています。ここから算出される指標は、各行内で既に吟味が

済まされた基準によって評価され、決算報告の判定を機械的にアウトプットされることになっています。

同様に、このローカルベンチマークについても、以下に示す通り、財務情報については、システム的な審査を行えるようになっています。

(1) **財務分析入力シート**

ローカルベンチマークの財務情報は、この財務分析入力シートに入力されれば、帝国データバンクの指標との対比によって、評価されることになります。この帝国データバンクの指標は、同社が保有している約7万社のデータから、11業種に分類され、業種内の業況分類をA・B・C・Dランクの4つに分け、各ランクの平均値と全体平均値また標準偏差にて、基準指標を算出しています。個々の企業の前記の6指標については、帝国データバンクの各基準指標と比較することができるようになっており、これによって経営力の評価はかなり客観性が高いものとなっています。この指標は、各地域金融機関の保有する基準指標に劣らないレベルと思われます。

≫ 財務分析入力シート

- 「入力シート」の黄色い網掛け部分に必要な情報を入力・選択すると、【診断結果】財務分析シートに6つの指標が計算され、点数が算出されます。

以下項目の黄色い網掛け部分について入力してください。

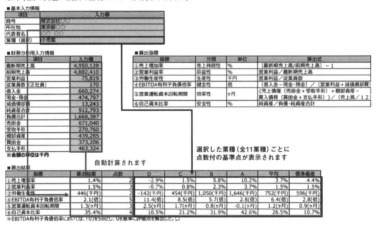

≫ 【診断結果】財務分析シート

- 財務分析診断結果が表示されます。
- 6つの指標について業種平均との乖離を把握できます。

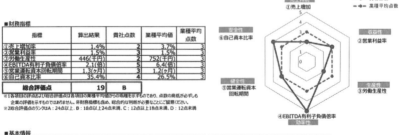

5 ローカルベンチマークの第二段階

》》【参考】財務指標作成時の分析対象企業について

株式会社帝国データバンクが保有するデータから、以下の条件に該当する約7万社を分析対象として財務指標を作成。

- 本社所在地 ：全国
- 業種（※1） ：全業種
- 上場区分（※2）：非上場
- 規模（※3） ：小規模事業者（※4）を除く
- 法人格 ：株式会社 有限会社
- 決算書 ：収録あり

※1：分析は右記表の11業種ごとに実施
※2・3：ローカル経済圏の主要企業をターゲットとした指標作成のため除外
※4：小規模事業者（中小企業庁の定義より）
　　・製造業その他：従業員数20名以下
　　・商業サービス業：従業員数5名以下
　　ただし、宿泊業及び娯楽業においては従業員20名以下

参照 中小企業庁「小規模企業者の定義」
http://www.chusho.meti.go.jp/soshiki/teigi.html

業種
建設業
製造業
卸売業
小売業
飲食業
不動産業
運輸業
エネルギー業
サービス業
医療業
観光業

》》【参考】点数付与の考え方

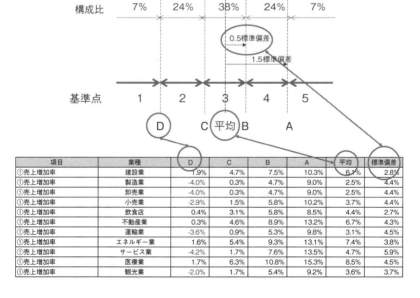

項目	業種	D	C	B	A	平均	標準偏差
①売上増加率	建設業	1.9%	4.7%	7.5%	10.3%	6.1%	2.8%
①売上増加率	製造業	-4.0%	0.3%	4.7%	9.0%	2.5%	4.4%
①売上増加率	卸売業	-4.0%	0.3%	4.7%	9.0%	2.5%	4.4%
①売上増加率	小売業	-2.9%	1.5%	5.8%	10.2%	3.7%	4.4%
①売上増加率	飲食店	0.4%	3.1%	5.8%	8.5%	4.4%	2.7%
①売上増加率	不動産業	0.3%	4.6%	8.9%	13.2%	6.7%	4.3%
①売上増加率	運輸業	-3.6%	0.9%	5.3%	9.8%	3.1%	4.5%
①売上増加率	エネルギー業	1.6%	5.4%	9.3%	13.1%	7.4%	3.8%
①売上増加率	サービス業	-4.2%	1.7%	7.6%	13.5%	4.7%	5.9%
①売上増加率	医療業	1.7%	6.3%	10.8%	15.3%	8.5%	4.5%
①売上増加率	観光業	-2.0%	1.7%	5.4%	9.2%	3.6%	3.7%

(2) 財務指標による対話

　財務指標は、「財務分析用入力情報」における最新期売上高・前期売上高から買掛金・支払手形までの勘定科目の数値を入力すれば、自動計算されます。そこでは、成長性を示す「売上増加率」、収益性を示す「営業利益率」、生産性を示す「労働生産性」、安全性を示す「EBITDA有利子負債倍率」、効率性を示す「営業運転資本回転期間」、そして安全性と総合力を示す「自己資本比率」が算出されます。同時に、前述の帝国データバンクの保有する「11業種に分類され、業種内の業況分類をA・B・C・Dランクの4つに分け、各ランクの平均値と、全体平均値また標準偏差によって算出された基準指標」と対比され、評点が出されることになっています。

　ここでの対話については、入力する「勘定科目の数値」の妥当性チェックと、帝国データバンク保有の基準指標に対する地域による違和感調整は必要であると思いますが、たとえば、以下の財務指標によって行われる対話、すなわち、企業、支援団体・専門家、金融機関の対話は、かなり建設的なものになると思われます。

≫ 財務分析入力シート

①売上増加率の基準点

項目	業種	D	C	B	A	平均	標準偏差
①売上増加率	建設業	1.9%	4.7%	7.5%	10.3%	6.1%	2.8%
	製造業	-4.0%	0.3%	4.7%	9.0%	2.5%	4.4%
	卸売業	-4.0%	0.3%	4.7%	9.0%	2.5%	4.4%
	小売業	-2.9%	1.5%	5.8%	10.2%	3.7%	4.4%
	飲食業	0.4%	3.1%	5.8%	8.5%	4.4%	2.7%
	不動産業	0.3%	4.6%	8.9%	13.2%	6.7%	4.3%
	運輸業	-3.6%	0.9%	5.3%	9.8%	3.1%	4.5%
	エネルギー業	1.6%	5.4%	9.3%	13.1%	7.4%	3.8%
	サービス業	-4.2%	1.7%	7.6%	13.5%	4.7%	5.9%
	医療業	1.7%	6.3%	10.8%	15.3%	8.5%	4.5%
	観光業	-2.0%	1.7%	5.4%	9.2%	3.6%	3.7%

②営業利益率の基準点

項目	業種	D	C	B	A	平均	標準偏差
②営業利益率	建設業	0.7%	1.5%	2.3%	3.1%	1.9%	0.8%
	製造業	-0.4%	1.7%	3.8%	5.9%	2.7%	2.1%
	卸売業	0.4%	1.2%	2.0%	2.8%	1.6%	0.8%
	小売業	-0.7%	0.8%	2.3%	3.7%	1.5%	1.5%
	飲食業	1.2%	1.6%	2.0%	2.4%	1.8%	0.4%
	不動産業	2.9%	4.2%	5.5%	6.9%	4.9%	1.3%
	運輸業	-1.3%	1.6%	4.5%	7.3%	3.0%	2.9%
	エネルギー業	-1.3%	1.6%	4.5%	7.3%	3.0%	2.9%
	サービス業	0.0%	1.9%	3.7%	5.6%	2.8%	1.9%
	医療業	0.2%	1.4%	2.7%	3.9%	2.1%	1.2%
	観光業	-0.2%	0.9%	2.1%	3.2%	1.5%	1.1%

③労働生産性の基準点

項目	業種	D	C	B	A	平均	標準偏差
③労働生産性	建設業	368	638	907	1,176	772	269
	製造業	-154	684	1,522	2,360	1,103	838
	卸売業	439	1,032	1,625	2,218	1,329	593
	小売業	-142	454	1,050	1,646	752	596
	飲食業	425	564	704	844	634	140
	不動産業	1,417	2,198	2,979	3,761	2,589	781
	運輸業	-1,145	464	2,073	3,682	1,268	1,609
	エネルギー業	76	1,228	2,380	3,531	1,804	1,152
	サービス業	-358	571	1,501	2,430	1,036	929
	医療業	-141	376	893832	1,409	634	517
	観光業	-20	406	832	1,259	619	426

④ EBITDA 有利子負債倍率の基準点

項目	業種	D	C	B	A	平均	標準偏差
④EBITDA有利子負債倍率	建設業	7.3倍	5.4倍	3.6倍	1.8倍	4.9倍	1.8倍
	製造業	19.2倍	14.4倍	9.6倍	4.8倍	7.4倍	4.8倍
	卸売業	11.3倍	8.5倍	5.7倍	2.8倍	6.4倍	2.8倍
	小売業	11.4倍	8.5倍	5.7倍	2.8倍	6.4倍	2.8倍
	飲食業	5.2倍	3.9倍	2.6倍	1.3倍	4.8倍	1.3倍
	不動産業	12.7倍	9.5倍	6.4倍	3.2倍	6.6倍	3.2倍
	運輸業	36.8倍	27.6倍	18.4倍	9.2倍	7.1倍	9.2倍
	エネルギー業	28.9倍	21.7倍	14.5倍	7.2倍	6.8倍	7.2倍
	サービス業	14.6倍	10.9倍	7.3倍	3.6倍	4.9倍	3.6倍
	医療業	11.2倍	8.4倍	5.6倍	2.8倍	4.7倍	2.8倍
	観光業	9.8倍	7.4倍	4.9倍	2.5倍	5.3倍	2.5倍

⑤営業運転資本回転期間の基準点

項目	業種	D	C	B	A	平均	標準偏差
⑤営業運転資本回転期間	建設業	1.6ヶ月	1.2ヶ月	0.9ヶ月	0.6ヶ月	1.1ヶ月	0.3ヶ月
	製造業	3.8ヶ月	2.9ヶ月	2.0ヶ月	1.0ヶ月	2.4ヶ月	0.9ヶ月
	卸売業	2.4ヶ月	1.7ヶ月	1.1ヶ月	0.4ヶ月	1.4ヶ月	0.7ヶ月
	小売業	2.5ヶ月	1.7ヶ月	0.8ヶ月	-0.1ヶ月	1.2ヶ月	0.9ヶ月
	飲食業	0.3ヶ月	0.2ヶ月	0.0ヶ月	-0.1ヶ月	0.1ヶ月	0.1ヶ月
	不動産業	2.7ヶ月	1.7ヶ月	0.6ヶ月	-0.4ヶ月	1.2ヶ月	1.1ヶ月
	運輸業	1.7ヶ月	1.0ヶ月	0.4ヶ月	-0.3ヶ月	0.7ヶ月	0.7ヶ月
	エネルギー業	1.4ヶ月	0.9ヶ月	0.5ヶ月	0.1ヶ月	0.7ヶ月	0.4ヶ月
	サービス業	2.2ヶ月	1.5ヶ月	0.7ヶ月	-0.1ヶ月	1.1ヶ月	0.8ヶ月
	医療業	1.9ヶ月	1.4ヶ月	1.0ヶ月	0.5ヶ月	1.2ヶ月	0.5ヶ月
	観光業	1.0ヶ月	0.6ヶ月	0.2ヶ月	-0.2ヶ月	0.4ヶ月	0.4ヶ月

⑥自己資本比率の基準点

項目	業種	D	C	B	A	平均	標準偏差
⑥自己資本比率	建設業	22.8%	29.2%	35.6%	41.9%	32.4%	6.4%
	製造業	17.2%	29.5%	41.7%	54.0%	35.6%	12.2%
	卸売業	23.2%	27.6%	32.0%	36.4%	29.8%	4.4%
	小売業	10.5%	21.2%	31.9%	42.6%	26.5%	10.7%
	飲食業	11.0%	19.3%	27.5%	35.8%	23.4%	8.2%
	不動産業	17.1%	25.8%	34.6%	43.3%	30.2%	8.7%
	運輸業	5.7%	23.7%	41.7%	59.7%	32.7%	18.0%
	エネルギー業	27.4%	37.3%	47.2%	57.1%	42.2%	9.9%
	サービス業	8.3%	23.5%	38.7%	53.9%	31.1%	15.2%
	医療業	5.7%	19.0%	32.3%	45.5%	25.6%	13.3%
	観光業	-0.4%	18.3%	37.0%	55.7%	27.7%	18.7%

4 ローカルベンチマークの非財務情報とは

「ローカルベンチマーク検討会」では、地域企業の実態や経営上の課題を理解するためには、財務情報だけではなく、非財務情報の把握、それに基づく企業との対話が欠かせないことを確認しました。その非財務情報による分析は、企業経営者との対話を通じて、その企業のどこに強みがあってどこに課題があるのか、そして、課題については改善の見込みがあるのか、どのような対策があるのかといったことを把握

することです。また、この分析については、財務数値が経営実態に即した信頼できるものか、数字で表れた企業の強み、弱みの源泉はどこにあるのかといったことを知ることも重要です。

ただし、その中で、経営者との対話を通じて、多面的な把握を行うことが望ましいとはいうものの、時間的制約等で多くの項目を把握するには限界があることから、柔軟かつ効率的な分析を可能とするため、大きな着目点として整理することにしました。それは、「経営者」、「事業」、「企業を取り巻く環境・関係者」、「内部管理体制」という4つの着目点です。

なお、この非財務情報については、金融庁は「金融検査マニュアル別冊（中小企業融資編）」でその重要性を主張してきましたが、その事例の多くは、中小・零細企業を対象にしているため、このローカルベンチマークが期待する中堅・中小企業を対象とする非財務情報に比べて、やや掘り下げ方が少ないようにも思われます。確かに、中小・零細企業については、非財務情報のメリットや利点を理解したうえで、地域金融機関自身が支援を続ければ、企業は生き残れます。しかし、中堅企業を含むすべての中小企業を対象にするローカルベンチマークやその対話については、事業DD（デューデリ・調査）レベルの非財務情報まで深く掘り下げる必要があります。

このローカルベンチマークの非財務情報については、各金融機関とも、「ローカルベンチマークと対話」の趣旨を十分に理解して、「経営者」「事業」「企業を取り巻く環境・関係者」「内部管理体制」への着目を、地域や時系列の視点で深く掘り下げて、十分に把握することに努めるべきであると思います。

(1) 非財務情報の4つの着目点

≫＜第二段階＞非財務情報に基づく分析

●財務情報に加えて非財務情報についても、対話を通じた把握、経営者の気づきを期待。

01	経営者への着目	◆経営者自身のビジョン、経営理念 ◆後継者の有無
02	事業への着目	◆事業の商流 ◆ビジネスモデル、製品・サービスの内容、製品原価 ◆市場規模・シェア、競合他社との比較 ◆技術力、販売力の強み/弱み ◆ITの能力：イノベーションを生み出せているか
03	関係者への着目 企業を取り巻く環境	◆顧客リピート率、主力取引先企業の推移 ◆従業員定着率、勤続日数、平均給与 ◆取引金融機関数とその推移、金融機関との対話の状況
04	内部管理体制 への着目	◆組織体制　　　　　◆社内会議の実施状況 ◆経営目標の共有状況　◆人事育成システム

≫＜第二段階＞非財務情報に基づく分析（1／4）

●非財務情報を把握し、対話を深めるための4つの着目点について、その考え方と具体的な項目の例を示す。

① 経営者への着目

> 地域企業においては、経営者が与える影響が大きく、経営者の優劣が企業の優劣を左右する面が強い。そのため、経営者との対話に際して、まずは「経営者」自身について知ることが重要である。また、事業の持続性を推し量る観点から、経営者が高齢の場合は事業承継の方針を確認することも欠かせない

【具体的な項目(例)】
・経営者自身について（地域経済界における立場、経営手腕等）
・経営者の思い、事業の方向性、ビジョン、経営理念
・経営者の再生に対する意識、スタンス
・後継者の有無

5 ローカルベンチマークの第二段階

経営者への着目

具体的な項目例	ヒアリング目的・理由	対話の手法・ポイント
経営者自身について	・経営者の優劣が企業の優劣を左右すると言っても過言ではない。そのため、経営者との対話を通じて、経営者のタイプ（出身畑）、経歴（過去なにをしてきたか）、資質（企画力、リーダーシップなど）、健康状態などを把握し、人物や能力を見極めることが肝要。 ・特に企業再生局面においては、「経営者が聞く耳をもつか」が成功のカギとなるため、経営者自身が他者の意見を取り入れているかを、業績が順調である段階から確認しておくことが重要。	・複数回訪問することで、経営者と話し易い関係を築くとともに、対話の際には自らが話し過ぎないように気を付ける。 ・会社に対する自身の思い、事業の内容について話しを聞いて欲しいというのが大半の経営者であるため、遠慮せずに質問を投げかける。
経営者の思い、事業の方向性、ビジョン、経営理念		
経営者の再生に対する意識、スタンス		
後継者の有無	・「後継者の有無」もローカル企業においては課題と考えられる。 ・事業承継方針や方法から、事業持続性を推し量ることは有効。	・代表が高齢の場合、後継者の話から事業承継をどのように考えているかを聞く。 ・後継者問題は経営者自身にとって機微な問題であることから、対話の際は例えば金融機関であれば管理職クラスによる面談等、丁寧な対応が求められる。

▌コメント①▐

　金融機関の担当者は、必ず転勤がありますので、経営者との人間関係は金融機関の組織ラインの各メンバーと構築しておく必要があります。また、中小企業の経営者は、概してワンマン社長であり、即断即決、一方、金融機関は稟議制度の下、文書による合議制で意思決定がなされます。実際、その意思決定は、遅くなり保守的になりやすいも

のです。両者の意思疎通には注意が欠かせません。

　後継者問題は、一般に、現在の経営者の節税問題に目が奪われがちですが、後継者の円滑な経営継承と金融機関の支援存続が必須であり、この点に注力するべきです。

　地域金融機関の担当者としては、対象企業の税理士などの専門家と親密化を図り、情報交換のパイプを維持することが理想です。

≫ ＜第二段階＞非財務情報に基づく分析（2／4）

● 非財務情報を把握し、対話を深めるための4つの着目点について、その考え方と具体的な項目の例を示す。

② 事業への着目

> 企業の事業が何で収益を上げているのか、それをどのような仕組みで実現しているのかという点、すなわちビジネスモデルを理解するとともに、事業の強みと課題がどこにあるのかを把握することが重要である。その第一歩として、「商流」を把握し、図示することで経営者との活発な対話が生まれ、事業内容を深掘することが期待できると考えられる。また、製品や商品一つあたりの原価をきちんと把握できているかといったことも重要な項目である。

【具体的な項目（例）】
・事業の商流
・ビジネスモデル、製品・サービスの内容、製品原価
・市場規模・シェア、競合他社との比較
・企業および事業の沿革
・事業用資産と非事業用資産の区別、事業用資産の有効活用
・技術力、販売力の強みと課題
・取引先数、分散度
・企画から商品化までのスピード、一単位あたりの生産時間
・ITの能力、イノベーションの状況

事業への着目

具体的な項目例	ヒアリング目的・理由	対話の手法・ポイント
商流について製品、サービス、ビジネスモデルについて	・商流は経営者も話したがる場合が多く対話しやすいことから、対話のきっかけとして把握に努めるべき。 ・企業の収益の源泉である製品・サービスを知ることはその企業の理解の第一歩。	・商流を図示（経営者に書いてもらう）することで経営者との活発な対話が期待できる。 ・製品、サービスについて経営者にその魅力を直接話してもらう。
企業および事業の沿革	・沿革は企業の歴史であり、過去をたどれば企業の現状ならびに将来を推測出来る。	・沿革の中でどこにターニングポイントがあったのか。製品が変わったとかそのために自分達はどう対応したのか、その中での人的な工夫や組織的な工夫、関係者の構築、財務面でどのような動きがあったのかを聞く。
事業用資産と非事業用資産の区別	・非事業用資産の売却可能性や経済価値を聞くことは企業の再生可能性を知る上で有効。 ・業績不振時の対応として、非事業用資産をどの程度有しているかを事前に把握することで、非連続的な打ち手の検討を行いやすい。	・非事業用資産の目的・用途を把握するとともに、同資産の今後の活用方針を聞く。
技術力、販売力の強み、課題はどこにあるか	・企業の強み、弱み（例えば技術力はあるが、販路開拓が苦手等）がわかれば、今後その企業が成長する要素があるのかどうかの判断基準になる。	・基本的に、丁寧にヒアリング等をすることでしか把握が難しい項目であるが、「ひょうご中小企業技術・経営力評価制度」などの有益な取り組みを積極活用する。

		・競合他社と比べて質、時間などの観点から有意な技術を有しているか、技術の陳腐化を想定しているかを聞く。 ・既存顧客の対応中心か、営業により新しい取引先を増やしているのかの方針を聞く。 ・販売ルートを把握するため、販売チャネルや代理店の有無についても確認する。
取引先数	・リスク分散されているか連鎖倒産のリスクはないかを見るために重要な、取引先数の多さが今後のその企業のチャンスの多さに繋がると考えている。また、取引先数について売上増加率や経常利益率の相関関係をみることが成長性収益力を見る上で有益。	・可能な範囲で、ヒアリングや決算書の売掛金明細、受取手形明細で確認。 ・販売先数が拡大傾向にあるか縮小傾向にあるかを把握する為、販売先数の経年推移を確認する。 ・調達方針を把握する為、調達先企業数の経年推移を確認する。
企画から商品化するまでのスピード一単位あたりの生産時間	・PDCAがワークしているか、改善行動が実行されているかを把握するために有効。 ・経営全体の時間がどういう風に短くなったのかが大事で、中身の日々の活動の中での時間を把握することは非常に大事。	・業務改善のPDCAがワークしているかどうかを判断するために、過去の生産時間の推移を確認する。 ・企画から製造などを得て販売されるまでの時間、効率の良いプロセスになっているか。迅速な製品実現や新製品の市場投入が早く競争優位を築く事ができているか。時間が短い理由や、長い理由を明確にする事で、強みがどこにあるかを知る。
ICTの能力イノベーションを生み出せているか	・企業の生き残りには生産性向上が必須でこれにはICTの能力、イノベーションが欠かせない。	・経営者だけでなく技術部門のキーマンからも自社技術に関するヒアリングを行う。 ・特許取得状況等、客観的に把握可能な事項についても確認する。

5 ローカルベンチマークの第二段階

▌コメント②▐

　地域金融機関として、最も注力するべき非財務情報はこの「事業への着目」です。一般的には、事業DDであり、中小企業診断士やコンサルタントの業務と言えますが、これらの専門家は税理士などと違い、必ずしも地域密着型業務を行っていないために、外部連携は容易ではありません。

　地域金融機関としては、後述の「中小・地域金融機関向けの総合的な監督指針」の「(参考) 顧客企業のライフステージ等に応じて提案するソリューション (例)」(p.116)を実践することがミッション (使命) となっていますが、現実問題としてこの業務を金融機関担当者が独力でこなすことは、誰もが難しいとみています。中小企業が最も信頼を置く税理士などの専門家と上記の「(参考) 顧客企業のライフステージ等に応じて提案するソリューション (例)」とこの「事業への着目の具体的な項目例」に沿って「連携」を組むことが近道のようです。

　この他にも、「ローカルベンチマーク検討会」では、事業DDにおいて、参考になる3つのケースが検討されていたので、ここで紹介します。「①非財務データ項目間の繋がり、②技術・経営評価制度の評価書、③サービス評価診断システム」であり、「事業への着目」の検討において、該当項目を掘り下げる時には、ともに役立つ手法です。連携先の支援団体・専門家への提言にも、有効に使えます。(①②③は、地域における産業の業種別評価支援ツールに関する調査報告書、2015年12月、株式会社帝国データバンクを参照)

① 非財務データ項目間の繋がり

▶▶▶非財務データ項目間の繋がりのイメージ

② 技術・経営評価制度の評価書

▶▶▶ひょうご中小企業技術・経営力評価制度の評価書の内容

評価分野・項目		評価の視点例		
1 製品・サービス	①新規性・独創性	従来品との差別化の程度、代替品に対する競争力など事業性の観点から評価	技術評価	全体評価
	②優位性とその維持継続	競合品に対する優位性、認知度、特許権、技術の継承		
2 市場性・将来性	①市場規模・成長性	各種調査による市場動向、法規制の動向、代替品の出現		
	②競合関係	競合企業の状況、市場シェア、品質・納期・差別化戦略、競争優位性		
3 実現性・収益性	①販売方法・販売価格	マーケティング計画の内容、販売チャネル、販売方法・販売価格		
	②生産・サービス体制	運営管理体制、原価管理、生産・サービス計画、5Sの実施、生産管理		
	③売上高・利益計画	売上高・利益計画の妥当性、売上原価・販売費・一般管理費の妥当性		
	④資金計画・資金調達力	資金計画の有無、事業計画との整合性、採算性、自己資金		
4 経営力	①事業遂行能力	経営理念、先見性、知識、経験、スキル、リーダーシップ、社外ネットワーク		
	②人材・組織体制	後継者等の人材、人材教育、技術・ノウハウ継承の仕組み		

中小企業の技術や成長性を評価する下記の10項目について、評価コメントと評価点（1～5）を評価書に記載

5 ローカルベンチマークの第二段階

﹥﹥﹥ ひょうご産業活性化センターによる技術・経営力評価

金融機関の、技術力や成長性を含めた事業実態を把握し、融資に結び付けたいというニーズと企業側の保有する技術力等をアピールし、販売促進や企業価値の向上につなげたいというニーズに対応

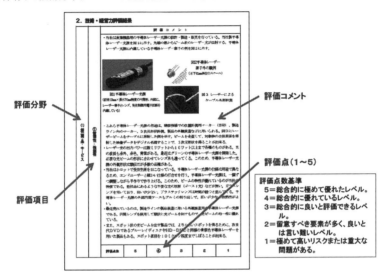

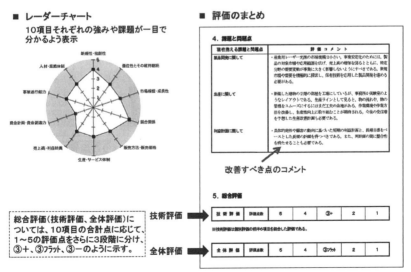

③ サービス評価診断システム

サービス評価診断システム（SES）について

SESの業種別の設問をプリセット（主なサービス業をカバー）

5 ローカルベンチマークの第二段階

≫ サービス産業生産性協議会による JCSI（日本版顧客満足度指数）

業種横断的な比較や顧客満足度の「結果」だけはなく「原因」の分析が可能

JCSI（Japanese Customer Satisfaction Index）とは

SPRING
サービス産業生産性協議会
Japan Productivity Center – Service Productivity & Innovation for Growth

JCSIは、サービス産業の競争力強化を目的とした国家的プロジェクトの中で、生産性をはかる一指標として、経済産業省、学識研究者、各企業の協力支援のもと、2007年から3年間の開発期間をかけて開発された顧客満足度調査です。

【生産性の概念図式】

$$生産性 = \frac{output}{input}$$

- Outputを増やす
  付加価値の向上（サービス品質の向上、顧客満足の向上、等）
  新規ビジネスの創出（新市場の創出、国際展開の推進、等）
- inputを減らす
  効率性の向上（製造業の管理ノウハウを活用した業務の効率化、業務プロセスの標準化、等）

JCSIは分子の拡大に向けた取組の一環

○ 2014年度は32業種408事業・企業を調査（参考調査企業を含む）
・今後も順次、調査対象企業・業種を拡大

○ ベンチマーキングの事例として、上位企業の結果を一部公開
・各業種の高評価企業：上位2分の1まで発表
・全正規調査対象の顧客満足度上位50位までを公開（各年度末）

他の消費者調査、ブランド調査と異なるJCSIの主な特長（次ページ以降参照）
① 業種横断の統一的な設問により、業種を超えた顧客満足度指標となっている
② 顧客満足を中心とした「6指標」により、他社との比較が多面的にできる
③ 業種・企業を中長期レンジで評価しており、「経営目標」として利用できる

⟫ 特徴　顧客満足の「原因」と「結果」

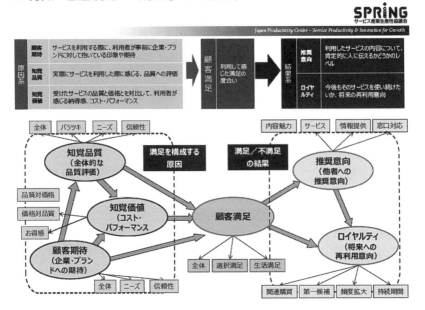

⟫ ＜第二段階＞非財務情報に基づく分析（3／4）

● 非財務情報を把握し、対話を深めるための4つの着目点について、その考え方と具体的な項目の例を示す。

③ 企業を取り巻く環境・関係者への着目

> 企業を取り巻く市場環境を把握するとともに、販売先や取引先企業からの評価という視点も欠かせない。また、企業経営において必要不可欠である従業員に関する項目については、各項目間の関連性に着目するとともに、業界・地域内の平均と比較することで、企業の実態が見えてくる。さらに、取引金融機関の数と推移を見ることで、企業に対する金融機関のスタンスや企業とメインバンクとの関係などを推し量ることができる。そのような観点から、金融機関との対話の頻度や内容（企業の経営課題・将来性等）も重要な視点と言える。

【具体的な項目(例)】
・顧客リピート率、主力取引先企業の推移
・従業員定着率、従業員勤続日数、従業員の平均給与、年齢構成
・取引金融機関数とその推移、金融機関との対話の状況

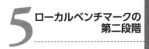

企業を取り巻く環境、関係者への着目

具体的な項目例	ヒアリング目的・理由	対話の手法・ポイント
市場規模・シェア 競合他社との比較	・企業、経営者が外部情報収集に対する意識があるか、外部環境に対する戦略、リスクマネジメントが出来ているかを確認することは企業の持続的な成長のために必要。	・事前に業界動向等を学習し仮説を立てた上で、経営者との対話を行い、認識の相違ある点について深掘りしていく。
顧客リピート率 主力取引先企業の推移	・企業が提供する価値が、顧客に受け入れられているかどうかを判断するために有効。 ・お客様の視点に基づく評価はとりづらいが重要である。	・どのような企業からどのような部分が評価されてリピートへつながっているのかを確認する。 ・日本版顧客満足度指数（JCSI）の考え方を中小企業が利用しやすくしたSESの活用。
従業員定着率 従業員勤続日数 従業員の平均給与	・企業の従業員満足度を判断するために有効であり、人のノウハウや経験が業績と連動する業界であれば生産性との結びつきも強いと考えられる。 ・社員定着率はノウハウが社内に蓄積されること。社員のチームワークが醸成されている場合があるので、多能化が進めやすく生産の効率化が図られる。また、定着率の高さは社員の自己実現に繋がっている場合があり、モチベーションの高さによって生産性向上が図られることになる。	・業種、地域毎の平均値からの乖離を見る。また、定着率、平均勤続日数、平均給与の相関を見ることは企業の実態把握に資する。 ・活用の仕方であるが、決算書等の資料からある程度類推した上で詳しい定着率等のデータの提出を依頼。ただ、「定着率はどれくらいですか」等の聞き方では、「大体業界平均くらいである」等の回答しか返って来ない。平均値は自社蓄積データ以外に外部データも参照する。
取引金融機関数とその推移	・企業経営には、メインバンクによる支援をはじめ、安定した金融機関取引が確保されていることも重要。 ・メインが引いているという状況は「何か我々が見えていないものがそこにあるのではないか」ということ	・例えば金融機関の数がどれくらいあるか、仮に沢山の金融機関と取引していれば、資金調達に苦労している可能性があるが、良い会社なので多くの銀行が取引してくださいと言ってきている可能性もある

を知るための一つの指標になる。	ので、企業の現況等から総合的な判断をおこなう。

┃コメント③┃

　顧客・主要取引先、従業員などの「関係者への着目」に対しては、経営者ばかりではなく、担当の営業部長（課長）や人事部長（課長）などにヒアリングをすることがポイントになります。対話においては、金融機関や税理士などの専門家は、企業の営業現場・製造現場・管理業務の現場を知ることが必要であると同時に、企業全体の方針や計画を遂行するためには、これらの部署の責任者によるセグメント計画などの策定と実行が欠かせないからです。

　関係者としての金融機関については、企業に対する他の取引金融機関のスタンスやメイン銀行との関係が、経営や将来に対して大きな影響を与えます。特に、企業再生や転廃業・Ｍ＆Ａについては、他の取引金融機関の動きによって左右されます。

　ところで、金融機関・税理士などの専門家は、このローカルベンチマークに特別な期待を持っています。地域金融機関などが独自の支援ツールによる分析を提案したとしても、複数行取引が一般化しているせいか、企業経営者からは複数行取引の一行として扱われ、なかなか良い反応を得られないケースがあるからです。しかし、ローカルベンチマークは、国が検討している分析ツールですので、企業経営者も本気で対応してくれるようになります。ローカルベンチマークの公的な性質が、金融機関または税理士などの専門家と経営者に緊張感のある繋がりを作るきっかけとなるからです。

　一方、対話に参加する金融機関は、ある程度経験を積んだ担当者ならば、既に融資などの取引を行っている企業や経営支援先企業の決算

書を保有していますので、定量分析結果や要因を聞き出しながら、定性面の対話ツールを活用し、その対象企業の課題などを容易に把握できるものです。経営理念やターニングポイント、業務の流れや商流、強みや弱みを整理するとともに、現在直面している経営上の課題の把握に努めることができます。

また、課題を把握後、打ち手の検討（連続的な打ち手、非連続的な打ち手）を行うことも可能となります。特に、地域密着型金融を実践している地域金融機関ならば、さまざまな支援団体や専門家とのネットワークを既に構築していますので、金融機関単独で支援が困難な問題においても、関連する支援団体等の協力を得ながら経営改善支援を行っていくこともできるものです。

以下は、「ローカルベンチマーク検討会」で検討された「金融機関による支援のイメージ」と「課題の把握と打ち手の検討」です。これらは、ローカルベンチマークと対話において、重要な情報になります。

ローカルベンチマークを活用した金融機関による支援のイメージ

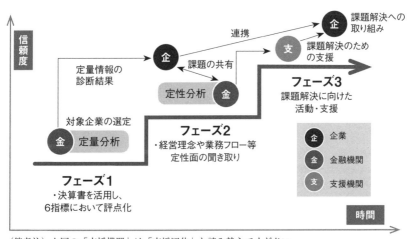

（筆者注）上図の「支援機関」は「支援団体」と読み替えてください。

課題の把握と打ち手の検討

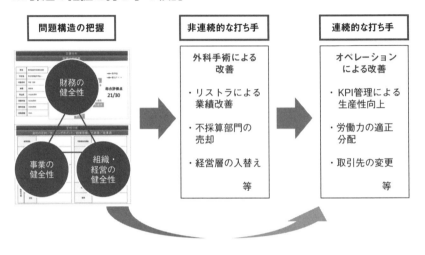

＜第二段階＞非財務情報に基づく分析（4／4）

● 非財務情報を把握し、対話を深めるための4つの着目点について、その考え方と具体的な項目の例を示す。

④ 内部管理体制への着目

> 地域企業においては、依然として同族企業等による属人的な経営も多いことが想定されることから、どの程度内部管理体制が整っているかという視点も重要である。また、会社全体の方向性が揃っているかを見るため、経営目標が社内で共有されているかを確認する意味合いも大きい。内部管理体制を把握する際、会議の質（議題内容、経営目標について議論されているか、経営者以外の重要人物の有無等）を見ることも有効である。そして、事業の推進に必要な人材が配置されているか、育成するシステムが構築されているかという点も地域企業にとっては課題であり、着目する必要がある。さらに、他の非財務項目のヒアリングにおいて違和感がある場合には、係争の有無やコンプライアンス上の問題がないかを調べることもあり得る。

【具体的な項目（例）】
・同族企業か否か、社外取締役の設置状況、組織体制
・経営目標の有無と共有状況
・人材育成の方法、システム
・社内会議の実施状況
・コンプライアンス上の問題の有無

内部管理体制への着目

具体的な項目例	ヒアリング目的・理由	対話の手法・ポイント
同族企業か否か、社外取締役の設置状況組織体制	・社外取締役や外部監査等をはじめ、企業の内部管理体制は重要度を増してきている。ローカル企業には、依然として同族企業等による属人的な経営も多いことが想定されることから、上場企業ルールに比し、どの程度内部管理体制が整備されているかをみるべき。	・株主構成状況、役員の選任状況などから把握を行う。社外取締役については、何故その人物が選任されたかについても確認を行う。
経営目標の有無と共有状況	・経営目標、理念が浸透しているのか、将来のビジョンが明確になっているかを把握し、会社全体のベクトルが揃っているかを確認することは大事。	・そもそも経営目標があるのかをまずは確認するとともに、その目標が社員にどのような形で浸透されているのかを確認する。
人事育成のやり方、システム	・企業の持続性を確保する上で、従業員間の技術・ノウハウの継承、発展は欠かせない。また、人事育成のPDCAを回すためにもシステム化されていることが望ましい。 ・従業員教育について、上から下ではなく、お互いに学びあう共育がされていると内部のコミュニケーションが円滑であるといえる。	・従業員育成制度の整備状況を聞くとともに、可能な範囲で同制度についてのマニュアル、テキスト等も見せてもらう。
社内会議の実施状況	・ガバナンス、経営者と従業員の意思疎通がどれほど図られているかを判断するために、会議がどの程度開かれているかを確認することは有効。 ・会議体数とその目的について確認することで、代表者の現場への権限委譲の度合いを確認する。	・どういう会議体があって、その時のキーマンは誰か、そこで話されているKPI、管理指標は何かに着目する。 ・会議の数が重要ではなくて、会議の質が重要なので、定量というよりは定性的に見ていくべき。
コンプライアンス上の問題が無いか	・コンプライアンスに関して極めて重大な問題がないか、企業が抱える大きなリスクがないかを把握することは企業の事業継続上、極めて重要。	・他の項目のヒアリングで違和感を感じた場合、企業の係争の有無等を確認するというアプローチ。 ・弁護士事務所や信用調査機関からの情報により把握し、総合的に係争内容を見て判断。

▌コメント④▐

　内部管理で最も重要な面は内部統制です。グローバル企業や大企業・上場企業における経営の常識は、既に、「コンプライアンス・ガバナンスの内部統制」、「コーポレートガバナンス・コード」、「COSOルール」の励行になっていますが、日本の中小企業については、この意識がまだ薄いようです。今回、国が公表したローカルベンチマークの項目に「内部管理体制への着目」が明記されたことは、中小企業にとって重要なことであると思います。

　従来、金融機関が中小企業に内部統制の要請をしたとしても、なかなか中小企業は受け入れられなかったかもしれません。しかし、今後は、この「ローカルベンチマークと対話」によって、「空気」が変わるものと思います。内部管理体制が構築され、内部統制のメインテーマである「情報開示」が定着し、その「情報開示」を受けた金融機関や外部機関が種々の提言や助言を経営者に行い、経営者がそれらを受け入れたならば、企業経営の改善につながることになると思います。このような流れは、ローカルベンチマークの趣旨にも合うものです。

　内部統制とは、以下の米国では定着している「COSOキューブ」で主張されている通り、個々の「目的」やそれぞれの「構成要素」が有機的に結びついて、相乗効果を生み、事業単位の活動が活発化することを目指すものです。

》》COSOキューブ

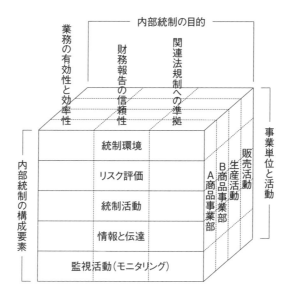

　ということで、今後の中小企業は、内部管理体制への着目として、内部統制の全体的な理解と、目的と構成要素の相互連携・相乗効果を習得しなければならなくなるでしょう。

　上図のキューブ図は、内部統制を「目的」と「構成要素」、「事業単位と活動」に俯瞰しています。内部統制の目的は「業務活動」、「財務報告」、「法令遵守」の3本柱にまとめています。

　「業務の有効性と効率性」ということは、重要な欠陥や虚偽事項のない有効で効率的な「業務活動」のことを意味しています。特に、企業の外部に働きかける販売・営業活動については、有効であり効率的でなければなりません。「財務報告の信頼性」というときは、健全な資産状況や持続可能な収益を上げ情報開示に耐えられる「財務報告」のことを言います。情報開示は、原則として、数値に裏打ちされた財務報告がベースになります。また、「関連法規制への準拠」という時は、社

会規範・法令・社内ルールなどを守る組織・人材の「法令遵守」のことを述べています。つまり、この「業務活動」、「財務報告」、「法令遵守」の3本柱を内部統制の目的として、その「内部統制」を確立しようとしているのです。

　また、その目的を達成するためには、「統制環境」「リスク評価」「統制活動」「情報と伝達」「モニタリング」の5つの要素がそれぞれの目的を達成するためには必要であり、それらの相乗効果も求めています。「統制環境」は十分に経営管理ができる環境のことであり、金融機関としては融資する企業の経営理念・ビジョンや組織のチェックでこの部門の評価が可能になります。

　「リスク評価」は一般的に使われるリスクよりも広義なリスクであり、経営目標などを阻害するリスクを認識してその回避策を講じることです。経営目標を策定するにあたり外部環境や内部環境の種々の要因を見極めますが、その要因の中には経営の阻害要因があります。金融機関・支援団体はこの要因を回避・解決する姿勢を評価する必要があります。

　「統制活動」とは経営者などの指示・命令や社内規程の運用が効果的に働くことです。金融機関・支援団体は、企業全体を組織図で俯瞰することができますが、その各組織（部署）がセグメント計画（部門計画）を策定し、その部門長がメンバーを掌握しているかを見ます。経営者などの指示・命令が効果的に遂行されているか、企業全体の経営目標を有効・効率的に推進しているか、そのために社内規定などのインフラが整っているかなどを評価します。

　「情報と伝達」とは、企業内外や事業担当者間の有効情報が伝達できることです。金融機関・支援団体は、情報は数値により客観的に開示され、その数値は時系列的に、また企業を取り巻く広範囲の分野で把

握できるようになっているか、を見る必要があります。情報の伝達を受けた人や機関が的確な評価ができているか、も見定めることが大切です。

　「モニタリング」とは内部統制に関する情報を検討し是正措置が継続的に採られることです。金融機関・支援団体・専門家にとっては、このモニタリングを効果的・効率的に行う仕組みを構築・支援することは、なかなか難しい問題になっています。金融機関の貸出担当者は多くの企業を同時に管理していますので、企業自身が定期的にどの程度の深さまでの内部統制の情報を提供してくれるかを、前もって決めておくことが理想です。将来のモニタリング報告のイメージを作り、企業サイドが自主的に継続的に伝達してくれる仕組みの構築が必要です。スムーズなモニタリングのためには、企業と顧問税理士などの専門家が、その管理を引き受けてくれることが、金融機関にとっては有難いことです。

　この5つの構成要素を、その企業の業務の中に組み込んで、「内部統制」を効果的に達成することを、このキューブは表しているのです。金融機関・支援団体・専門家が企業把握を、このキューブに沿って行うことができれば、適時適格な企業対応が可能になります。

　特に、企業との情報交換のパイプ役となる「情報開示」は、このキューブの「情報と伝達」に該当するアクションプランです。内部統制の「目的」とその「構成要素」のすべての項目に関わるアクションプランとなっています。

　とはいうものの、このような内容は、短兵急に中小企業やその経営者に求めることはできませんので、徐々に「ローカルベンチマークの対話」などを通して、構築していく姿勢が必要です。

　なお、上記の④内部管理体制への着目における【具体的な項目（例）】

については、COSOキューブにおける「目的」と「構成要素」のどの項目に関係するかを前もって考慮しながら、ヒアリングや対話を行うことをお勧めします。

【具体的な項目（例）】
・同族企業か否か、社外取締役の設置状況、組織体制
・経営目標の有無と共有状況
・人材育成の方法、システム
・社内会議の実施状況
・コンプライアンス上の問題の有無

▌コメント⑤▐　事業性評価融資の稟議承認のためのローカルベンチマーク・非財務情報

　事業性評価融資は、事業の内容や成長可能性を吟味して、支援実行する融資のことであると言われていますが、実際は、金融機関が融資審査で支援（実行）決定には及ばないで、迷った末に謝絶（断り）を決めざるを得なかった案件に対して、再度、事業の詳細を考慮して、その支援決定をする融資のことと言えます。一見、謝絶する案件を復活する点では、金融検査マニュアル別冊（中小企業融資編）の27事例に重なるところがあります。

　金融検査マニュアル別冊（中小企業融資編）の27事例は、財務情報やスコアリング評価によって、どうしても債務者区分（格付け評価）で低い評価を受けてしまう零細・中小企業に対して、事例に沿った非財務情報・定性要因分析で高く評価して、ランクアップする事例です。すなわち、まず第一に行う財務情報・スコアリングシート評価などで、低い債務者区分評価を受けた企業に対して、金融検査マニュアル別冊（中小企業融資編）の事例によって、非財務情報・定性要因を評価して、

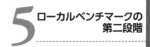

債務者区分をランクアップするのです。

この27事例の定性要因は、ザックリと13項目に分けて抽出し、以下の表の「非財務情報の着目点の内容」に記載しました。その上に、この13項目を、「非財務情報の4つの着目」と「地域の経済・産業の把握【第一段階】」の5項目に分類しました。この分類を、27事例も加味して一覧表にしたものが、以下の「ローカルベンチマークの非財務情報と金融検査マニュアル別冊（中小企業融資編）事例の関連一覧表」です。

ローカルベンチマークの非財務情報と金融検査マニュアル別冊（中小企業融資編）事例の関連一覧表

ローカルベンチマークの非財務情報	非財務情報の着目点の内容（13項目）	金融検査マニュアル別冊（中小企業融資編）事例
経営者への着目	経営者の資質	事例11、12、13
	金融機関支援取付け資質	事例16、17
	後継者の養成力	事例9、24
事業への着目	販売力の活用	事例7、8
	技術力の活用	事例5、6
	業種の強みの活用	事例10、28
関係者への着目	実質同一体	事例1、2、3
	経営者家族の支援	事例4
	金融機関の短期継続融資などの支援	事例18、19、20
内部管理体制への着目	内部組織の充実	事例21、27
	外部連携に相応しい組織	事例23、25
地域の経済・産業の把握【第一段階】	雇用増加	事例15
	産業の活性化	事例14、22

※ 本一覧表とp.66の「金融検査マニュアル別冊（中小企業融資編）27事例の定性分析項目別の類似事例分類表」との間で、一部の事例の表затが異なりますが、これは「金融検査マニュアル別冊（中小企業融資編）」が公表された後に明確にされた種々の概念に事例を合わせたために相違が生じたものです。

ついては、事業性評価融資の審査プロセスの一環として、ローカルベンチマークの非財務情報の「経営者・事業・関係者・内部管理体制の4つの着目」に沿って検討する場合には、上の一覧表の金融検査マニュアル別冊（中小企業融資編）の該当事例を参照することをお勧めします。この事例は、零細・中小企業を対象にしたものですが、中堅・中小企業の事業性評価融資の審査にも通じるものです。また、ローカルベンチマークの「地域の経済・産業の把握【第一段階】」の項目には、「雇用増加」の事例15と「産業の活性化」の事例14と事例22が参考になると思います。

　「事業性評価融資」は、「事業内容と成長可能性」という事業性評価の観点で、取引先の業務・事業の実態と将来性を審査するものですが、実際は、借り手サイドの企業の事業に対する論理を強調して、貸し手サイドの金融機関の与信管理の守りの論理を従来よりも譲歩させ、融資採り上げや継続に努めるということになっています。金融円滑化法による返済猶予の件数は、現在も30～40万社でありながら、最近は、中小企業の倒産件数は大幅に下がっています。地域金融機関が本腰を入れて中小企業を支援すれば、中小企業は倒産せずに再生するということかもしれません。

　このような観点も加味して、ローカルベンチマークの非財務情報と金融検査マニュアル別冊（中小企業融資編）の27事例を見直すことも重要であると思います。

5 対話に向けた企業分析ツールの活用

　株式会社帝国テクノツールに対して、ローカルベンチマークの第二段階である定量分析では、財務指標をこの企業の業種である卸売業の基準で評価を行い、自社のポジショニングを把握しました。財務指標については、決算書をもとに必要な項目と数値を入力して、評価点が表示されるツールで評価をしました。定性分析については、非財務の定性内容について、「定性ヒアリングシート」で目的や例を記載したマニュアルに基づいて、4つの着目点（経営者、事業、企業を取り巻く環境・関係者、内部管理体制）をヒアリングすることで企業の強みや課題を把握し、次に、同シートの『「サービス提供における業務フローと差別化ポイント」「商流把握」』にて、事業フローを確認して、経営者と対話をする材料としました。

　このツールによるイメージは、「地域における産業の業種別評価支援ツールに関する調査報告書」の図表38、39、40です。

財務分析結果イメージ（図表38）

財務分析結果

■基本情報

商号	株式会社帝国テクノツール	売上高	4,950,128 (千円)
所在地	東京都中央区新富1－12－2	営業利益	75,819 (千円)
代表者名	志水　和正	従業員数	170 (人)
業種（選択）	卸売業		

■財務指標

指標	算出結果	貴社点数	業種平均値	業種平均点数
①売上増加率	1.4%	3	2.5%	3
②営業利益率	1.5%	3	1.6%	3
③労働生産性	446 (千円)	2	1,329 (千円)	3
④EBITDA有利子負債倍率	2.1 (倍)	5	6.42218141	3
⑤自己資本比率	35.4%	4	29.8%	3
⑥営業運転資本回転期間	1.3 (ヶ月)	3	1.4 (ヶ月)	3
総合評価点		20		

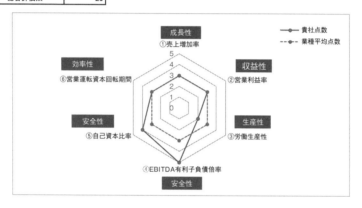

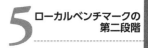

≫ 定性ヒアリングシートイメージ① (図表39)

定性ヒアリングシート		

■基本情報

商号	株式会社帝国テクノツール	売上高	4,950,128（千円）
所在地	東京都中央区新富1-12-2	営業利益	75,819（千円）
代表者名	志水　和正	従業員数	170（人）
業種（選択）	卸売業		

経営者への着目	経営者自身についてビジョン経営理念	ビジョン：ファッションを通じてお客様の生活を豊かにする。お客様に楽しみや感動を得てもらえるように、お客さまの気持ちに共感することを心掛けている。	企業を取り巻く環境関係者への着目	市場規模・シェア競合他社との比較	SPA、ファストファッションの台頭があり、低価格化が進んでいる。当社の強みであるデザインをどのように訴求していくかが課題である。
	後継者の有無	代表は現在45歳と若いため、まだ後継者については考えられていない		主力取引先企業の推移	・卸に関しては、売上上位の20社は取引を維持している。 ・ユーザーへの直販に関しては、70％以上が1年以内に複数回購入。
事業への着目	企業及び事業沿革	昭和34年に現代表の父親が創業し、平成15年に2代目社長である現代表に交替。自社ブランドによる販売に限界を感じていたところ、商社の仲介で有名カジュアルブランドと提携し、主にTシャツのデザインを提供。		従業員定着率勤続日数平均給与	・平均年齢：44歳 ・従業員定着率：95％ ・正社員人数→ 　平成24年：40名 　平成25年：48名
				取引金融機関数とその推移	創業時より地元信用金庫をメインとしており、現代表になってからも変更はない。
	技術力、販売力の強み	・Tシャツだけでなく、パンツやシャツなどの品揃えを強化している。 ・自社ブランドの育成に注力し、有力ブランドとのコラボレーションを積極的に展開。	内部管理体制への着目	組織体制	ISO9001やPマークの認証取得により、業務プロセスの見える化が進んでおり、マニュアルなども整備されている。
				経営目標の有無共有状況	現代表が就任してから、中期経営計画の策定や月次決算による予実管理など、管理体制が強化されている。また、これらの内容について取引先とも一部共有されており、対外的な信用獲得にも繋がっている。
	技術力、販売力の弱み	デザイナーの属人的な力に頼っている部分がある点は改善していくべき課題である。		社内会議の実施状況	毎週月曜日に全体会議を行っており、社長、幹部、社員の意識共有の場として機能している。
	ITの能力イノベーションを生み出せているか	平成24年には自社ウェブサイトで独自に販売を開始。ユーザーへの直接販売を通して、これまでの販売ルートよりも利益を確保できるようになった。		人事育成のやり方システム	・新入社員研修や階層に応じた研修制度を構築。 ・有料の外部期間が実施する研修にも会社負担で希望者には取り組ませている。

≫ 定性ヒアリングシートイメージ②（図表40）

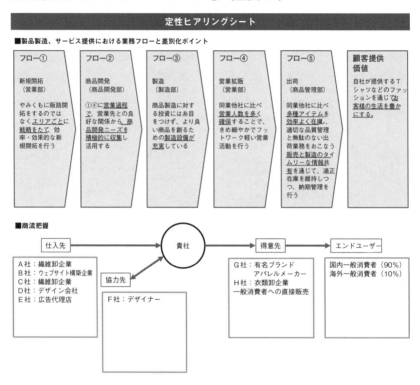

▍コメント▍

当社の財務指標は、EBITDA有利子負債倍率と自己資本比率が極めて良好です。これに対して、定性ヒアリングシートイメージ①では、主に次の内容が、記載されています。

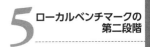

1）現代表は2代目で45歳であり、自社ブランドに限界を感じている。
2）自社ブランド育成意欲はあるものの、デザイナーの属人性に頼っている。
3）自社ウェブサイトによる販売に期待している。
4）競合他社との競争方針が未だ固まらず。
5）メイン金融機関は創業時からの取引を続けている地元信用金庫のままでよいか。
6）内部管理体制は強化中。

このローカルベンチマークのツール情報を基に、金融機関や支援団体・専門家は企業自身を加え、対話を行うべきであると思います。その対話におけるテーマ案は以下の通りです。

1）自社ブランドと有力ブランドとのコラボレーションの方針を決定するか。業界や競合他社の動きの情報をいかに収集するかが欲しい。
2）自社ウェブサイトによる販売をスタートしたものの、仕入れ・販売戦略について、現場の声をもっと聴き、部門計画（セグメント計画）との整合性のある全体販売計画を策定するべきではないか。
3）EBITDA有利子負債倍率と自己資本比率が極めて良好だが、資金調達・運用については保守的過ぎないか。メイン金融機関は創業時からの取引を続けている地元信用金庫であり、借入金によるレバレッジ効果や、金融機関からの情報提供状況

> を詰め、今後の資金調達・運用方針を固めるべきか。
> 4）前向きの組織変更、中期経営計画策定、会議内容、研修制度、など、現社長は内部管理に対して意欲的のようであるが、問題点はないか。金融機関や支援団体・専門家の外部機関からの意見を入れて、攻めの組織や計画の策定を進めるべきか否か。

次に定性ヒアリングシートイメージ②では、自社のバリューチェーンの活動手順で「新規開拓・商品開発・製造・営業拡販・出荷・顧客提供価値」を見ていますが、「商流把握」を含めて、具体的に実務面まで踏み込んでヒアリング内容を固める必要があります。

なお、当社は、「東京都中央区・・・」の都心部にあり、ローカルベンチマークの第一段階の「地域の経済・産業の把握」が記載されていません。地方の場合は、労働生産性を踏まえて、雇用増加策の検討は必須と思われます。

第6章

地域金融機関・支援団体のローカルベンチマーク活用法

1 「ローカルベンチマークの第一段階」による地域金融機関としての企業支援

　ローカルベンチマークは、地域企業の経営課題の把握・分析を行い、金融機関や支援団体・専門家との対話によって、個社の経営改善や成長に貢献し、地域経済活性化に寄与し、連れて、地域に密着する金融機関や支援団体・専門家も成長する手段ということです。ローカルベンチマークでは、第一段階では、地域の経済・産業の把握で、第二段階では、個別企業の経営力評価や改善の対話になっていますが、第一段階の地域経済・産業の把握に対する評価や対話については、金融機関も支援団体・専門家また企業自身もほとんど経験がありません。

　税理士などの専門家の中には地元の名士ということで、地域経済・産業について対話ができる方々もいますが、企業経営者としては、地域における自社の位置づけや将来の貢献について、なかなか対話にはならないかもしれません。地域金融機関も、総論では地域貢献論的な内容を語ることができたとしても、各論として、個別の融資先企業について地域貢献に絡めて対話をすることには慣れていません。

　しかし、地域金融機関は、従来から、リレーションシップバンキングや地域密着型金融のガイドラインによって、地域貢献や活性化への寄与を行わなければなりませんでした。このことは、各金融機関のホームページで「地域密着型金融の推進状況」で情報開示を行っており、金融庁検査において、検査官に説明を求められる項目でした。特に、以下の【推進のための具体的取組】の「3.地域の情報集積を活用した持続可能な地域経済への貢献」における「○地域の面的再生」は、「ローカルベンチマークの第一段階」に通じるものです。

≫ リレーションシップバンキングや地域密着型金融のガイドライン

【推進のための具体的取組み】

1.ライフサイクルに応じた取引先企業の支援の一層の強化
中小企業の様々な成長段階にあわせた審査・支援機能の強化
○ 事業再生
  ・ 事業価値を見極める地域密着型金融の本質に係わる一番の課題。
  ・ 企業価値が保たれているうちの早期再生と再生後の持続可能性ある事業再構築が最も重要。
  ・ 外部からの経営者の意識改革を促せるのは地域金融機関
  ・ 中小企業再生支援協議会、ファンドの一層の活用。
  ・ アップサイドの取れる新たな手法、DIPファイナンスの適切な活用等。
○ 創業・新事業支援
  ・ ファンドの活用、産学官の連携、再挑戦支援の保証制度等の活用等。
○ 経営改善支援
○ 事業承継（地域企業の第4のライフステージとして明示的に位置づけ、支援）

2.事業価値を見極める融資手法をはじめ中小企業に適した資金供給手法の徹底
○ 事業価値を見極める融資＝不動産担保・個人保証に過度に依存しない融資の徹底
  ・ 「目利き機能」の向上（特に、中小零細企業）。
  ・ 定性情報の適正な評価、定量情報の質の向上。
  ・ 動産・債権譲渡担保融資、ABL（Asset Based Lending）、コベナンツの活用等。
○ その他中小企業に適した資金供給手法の徹底
  ・ ファンドやアップサイドの取れる投融資手法の活用など、エクイティの活用によるリスクマネーの導入等。
  ・ CLOやシンジケートローンなど、市場型間接金融の手法の活用。

3.地域の情報集積を活用した持続可能な地域経済への貢献
○ 地域の面的再生
  ・ 調査力、企画力を活かした、ビジョン策定への積極的支援。
  ・ 「公民連携」への積極的参画
    —官と民が役割分担、地域の全プレーヤーがビジョンを共有、連携した取組み。
    —「リスクとリターンの設計」、「契約によるガバナンス」が重要。金融機関には、コーディネーターとしての積極的参画を期待。
○ 地域活性化につながる様々なサービスの提供
  ・ リバースモーゲージなど高齢者の資産の有効活用、金融知識の普及等。
  ・ 多重債務者問題への貢献、コミュニティ・ビジネス等への支援・融資（特に協同組織金融機関）
○ 地域への適切なコミットメント、公共部門の規律付け
  ・ コスト・リスクの適切な把握による緊張感ある関係。地方財政の規律付けの役割。

そこで、地域金融機関は、ローカルベンチマークの地域の経済・産業の把握や地域貢献・活性化寄与に関する対話において、リード役を演じなければならない立場にあります。同様に、平成27事務年度の金融行政方針においても、次の通り、地域貢献が要請されています。

▶▶▶ 平成27事務年度の金融行政方針

> 具体的重点施策

（1）企業の価値向上、経済の持続的成長と地方創生に貢献する金融業の実現

② 地方創生に向けた金融仲介の取組みに関する評価に係る多様なベンチマークの検討

　金融機関との間で、事業性評価に基づく融資やコンサルティング機能の発揮についてより深度ある対話を行うためには、各金融機関の果たしている金融仲介機能について客観的な評価目線を策定し、金融機関と共通の目線で議論を行っていく必要がある。こうした観点から、上述の企業ヒアリングの結果や外部有識者の知見等を活用して、地方創生に向けた金融仲介の取組みについて評価を行うための多様なベンチマーク（地域における取引企業数の推移、支店の業績評価等、金融機関ごとの比較を可能とする計数等）を検討する。

③ 事業性評価及びそれに基づく解決策の提案・実行支援

（ア）各金融機関における取引先企業の事業性評価及びそれに基づく融資や本業支援等の取組状況について、以下の点を含め、確認する。

b) 取引先企業について、財務内容等の過去の実績や担保・保証に必要以上に依存することなく、事業の内容、強み・弱み及びその業界の状況等を踏まえた融資やコンサルティング機能の発揮に当たり、例えば以下のような点も含めて、具体的にどのような取組みを行っているか。

iv.「地域企業応援パッケージ」の活用、地域の創業支援事業等に係る産学官金の連携、政府系金融機関やファンド等との連携等、取引先企業の支援を行うための関係者との有効な連携

　このように、地域金融機関は地域貢献や地域活性化への使命（ミッション）がありますので、繰り返しになりますが、地域金融機関はローカルベンチマークの「地域に関する対話」の推進役になるべきであ

るということです。とりわけ、今後の対話において、最近、金融行政方針で述べられている「地域企業応援パッケージ」については、再確認しておく必要があります。

2 地域金融機関としての「地域企業応援パッケージ」の概要

　上記の文章の通り、金融行政方針では、「地域企業応援パッケージ」を活用して産学官金の連携で地域創生に貢献することを述べています。この「地域企業応援パッケージ」はアベノミクスの「まち・ひと・しごと創生総合戦略」に基づき、産業・金融一体となった総合支援体制の整備のために策定された施策パッケージです。地域企業の生産性・効率性向上のため、企業の課題解決に向けた取組みを官民一体となって支援することを目的としています。

　同様に、「ローカルベンチマーク」は、産業・金融一体となって地域経済の振興を総合的に支援するという施策でもあり、地域経済施策や中小企業施策、地域金融施策の結節点となるべきものです。関連する施策を重複することなく、効率的に計画して実施していくためには、ローカルベンチマークをベースにして、相乗効果を発揮できるようにしていくことが効果的です。

　また、金融機関や支援団体・専門家また企業において、ローカルベンチマークの対話が持たれ、そこで生まれた施策が継続的に実践され、見直され、より良いものにしていくことも重要です。

　内閣府・金融庁は、「産業・金融一体となった総合支援体制の整備に向けて」の施策について、以下のような概念図を公表しています。

▶▶▶ 産業・金融一体となった総合支援体制のイメージ

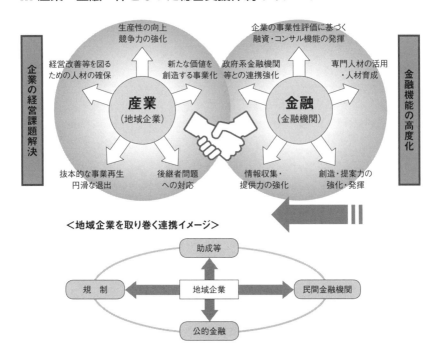

　同時に、内閣府は、金融等による「地域企業応援パッケージ」の概要を公表しました。この中の、「企業のライフステージと経営課題」は、以下に示す「顧客企業のライフステージ等に応じて提案するソリューション（例）」に基づいて、わかりやすく図示しています。

》》金融等による「地域企業応援パッケージ」の概要

■地域企業による生産性・効率性の向上、「雇用の質」の確保・向上に向けた取組や地域における金融機能の高度化が必要。
⇒金融等による「地域企業応援パッケージ」を策定し、産業・金融両面からの政府の支援等を総合的に実施し、様々なライフステージにある企業の課題解決に向けた自主的な取組を官民一体で支援する。

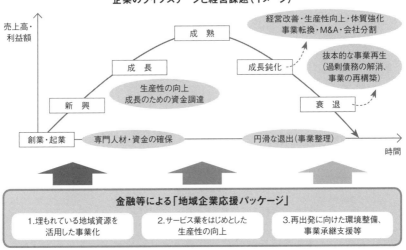

　この地域企業は、生産性・効率性の向上、「雇用の質」の確保・向上に向けた取組みを目指すことが求められ、地域金融機関は「地域企業応援パッケージ」を策定して、官民一体で産業・金融両面の総合支援体制を整備しようというものです。特に、金融機関は企業のライフステージにそってコンサルティングを行う必要があるということです。

　既に、地域金融機関では、「中小・地域金融機関向けの総合的な監督指針」で、以下の「顧客企業のライフステージ等に応じて提案するソリューション（例）」を具体的なアクションプランに落とし込むことが、詳しく述べられています。

≪「顧客企業のライフステージ等に応じて提案するソリューション（例）」について、コンサルティング目線で詳しく述べた著作は、「中小企業への改善計画・銀行交渉術」（中村中・大山哲・仁木淳二共著、㈱ぎょうせい発行）であり、「理論編の"5.コンサルティング目線による経営改善計画"p.36～54」をご参照ください。≫

▶▶▶「中小・地域金融機関向けの総合的な監督指針Ⅱ-5-2-1（「地域密着型金融の推進」関連部分）」

(参考)顧客企業のライフステージ等に応じて提案するソリューション（例）

顧客企業のライフステージ等の類型	金融機関が提案するソリューション	外部専門家・外部機関等との連携
創業・新事業開拓を目指す顧客企業	・技術力・販売力や経営者の資質等を踏まえて新事業の価値を見極める。 ・公的助成制度の紹介やファンドの活用を含め、事業立上げ時の資金需要に対応。	・公的機関との連携による技術評価、製品化・商品化支援 ・地方公共団体の補助金や制度融資の紹介 ・地域経済活性化支援機構との連携 ・地域活性化ファンド、企業育成ファンドの組成・活用
成長段階における更なる飛躍が見込まれる顧客企業	・ビジネスマッチングや技術開発支援により、新たな販路の獲得等を支援。 ・海外進出など新たな事業展開に向けて情報の提供や助言を実施。 ・事業拡大のための資金需要に対応。その際、事業価値を見極める融資手法（不動産担保や個人保証に過度に依存しない融資）も活用。	・地方公共団体、中小企業関係団体、他の金融機関、業界団体等との連携によるビジネスマッチング ・産学官連携による技術開発支援 ・JETRO、JBIC等との連携による海外情報の提供・相談、現地での資金調達手法の紹介等

経営改善が必要な顧客企業 （自助努力により経営改善が見込まれる顧客企業など）	・ビジネスマッチングや技術開発支援により新たな販路の獲得等を支援。 ・貸付けの条件の変更等。 ・新規の信用供与により新たな収益機会の獲得や中長期的な経費削減等が見込まれ、それが債務者の業況や財務等の改善につながることで債務償還能力の向上に資すると判断される場合には、新規の信用を供与。その際、事業価値を見極める融資手法（不動産担保や個人保証に過度に依存しない融資）も活用。 ・上記の方策を含む経営再建計画の策定を支援（顧客企業の理解を得つつ、顧客企業の実態を踏まえて経営再建計画を策定するために必要な資料を金融機関が作成することを含む）。定量的な経営再建計画の策定が困難な場合には、簡素・定性的であっても実効性のある課題解決の方向性を提案。	・中小企業診断士、税理士、経営指導員等からの助言・提案の活用（第三者の知見の活用） ・他の金融機関、信用保証協会等と連携した返済計画の見直し ・地方公共団体、中小企業関係団体、他の金融機関、業界団体等との連携によるビジネスマッチング ・産学官連携による技術開発支援
事業再生や業種転換が必要な顧客企業 （抜本的な事業再生や業種転換により経営の改善が見込まれる顧客企業など）	・貸付けの条件の変更等を行うほか、金融機関の取引地位や取引状況等に応じ、DES・DDSやDIPファイナンスの活用、債権放棄も検討。 ・上記の方策を含む経営再建計画の策定を支援。	・地域経済活性化支援機構、東日本大震災事業者再生支援機構、中小企業再生支援協議会等との連携による事業再生方策の策定 ・事業再生ファンドの組成・活用

事業の持続可能性が見込まれない顧客企業（事業の存続がいたずらに長引くことで、却って、経営者の生活再建や当該顧客企業の取引先の事業等に悪影響が見込まれる先など）	・貸付けの条件の変更等の申込みに対しては、機械的にこれに応ずるのではなく、事業継続に向けた経営者の意欲、経営者の生活再建、当該顧客企業の取引先等への影響、金融機関の取引地位や取引状況、財務の健全性確保の観点等を総合的に勘案し、慎重かつ十分な検討を行う。 ・その上で、債務整理等を前提とした顧客企業の再起に向けた適切な助言や顧客企業が自主廃業を選択する場合の取引先対応等を含めた円滑な処理等への協力を含め、顧客企業自身や関係者にとって真に望ましいソリューションを適切に実施。 ・その際、顧客企業の納得性を高めるための十分な説明に努める。	・慎重かつ十分な検討と顧客企業の納得性を高めるための十分な説明を行った上で、税理士、弁護士、サービサー等との連携により顧客企業の債務整理を前提とした再起に向けた方策を検討
事業承継が必要な顧客企業	・後継者の有無や事業継続に関する経営者の意向等を踏まえつつ、M&Aのマッチング支援、相続対策支援等を実施。 ・MBOやEBO等を実施する際の株式買取資金などの事業承継時の資金需要に対応。	・M&A支援会社等の活用 ・税理士等を活用した自社株評価・相続税試算 ・信託業者、行政書士、弁護士を活用した遺言信託の設定

(注1) この図表の例示に当てはまらない対応が必要となる場合もある。例えば、金融機関が適切な融資等を実行するために必要な信頼関係の構築が困難な顧客企業（金融機関からの真摯な働きかけにもかかわらず財務内容の正確な開示に向けた誠実な対応が見られない顧客企業、反社会的勢力との関係が疑われる顧客企業など）の場合は、金融機関の財務の健全性や業務の適切な運営の確保の観点を念頭に置きつつ、債権保全の必要性を検討するとともに、必要に応じて、税理士や弁護士等と連携しながら、適切かつ速やかな対応を実施することも考えられる。

(注2) 上記の図表のうち「事業再生や業種転換が必要な顧客企業」に対してコンサルティングを行う場合には、中小企業の再生支援のために、以下のような税制特例措置が講じられたことにより、提供できるソリューションの幅が広がっていることに留意する必要がある。
・企業再生税制による再生の円滑化を図るための特例（事業再生ファンドを通じた債権放棄への企業再生税制の適用）
・合理的な再生計画に基づく、保証人となっている経営者による私財提供に係る譲渡所得の非課税措置

そこで、地域金融機関は「地域企業応援パッケージ」と、ローカルベンチマークの第一段階の地域把握について、対話において力説する必要があります。

ついては、上図に示した「地域企業応援パッケージ」の3本の柱である「1. 埋もれている地域資源を活用した事業化、2. サービス業をはじめとした生産性の向上、3. 再出発に向けた環境整備、事業承継支援等」のそれぞれの施策についても、確実な実行が求められています。ここでは、補足情報を加えながら、説明することにします。

3 「地域企業応援パッケージ」3本柱に対する金融機関の対話のポイント

(1) 埋もれている地域資源を活用した事業化

■地域が人口減少・少子高齢化等に直面する中にあって、地域経済を振興するためには、域外からの収入を増大させる取組みが必要。
■地域には、優れた伝統工芸、質の高いリゾート、高級食材など、国内だけでなくグローバルにみて魅力のある資源が活用できずに埋もれている可能性。

■金融機関の情報ネットワークの活用や、海外需要開拓支援機構(「クールジャパン機構」)等がコーディネート役となって、埋もれている地域資源を商品化・事業化するために必要な知恵・人材と資金の供給に一丸となって取り組む必要。

〔地域資源の商品化・事業化として想定される事例〕
・優れた伝統工芸製品について、国内外で新たなニーズを見出す
・グローバルに見て質の高いリゾートについて、ソフト面を含めたインフラを整備し、外国人観光客に対する魅力を向上
・良質な果物等を高級食材として、海外の富裕層向けに輸出
・サービス力の高い飲食店の海外展開

▌コメント▐

「埋もれている地域資源を活用」することは、地域資源を外部に売却して、付加価値を地域に落とし込むことです。しかし、地域の産業は、このほかにも観光産業のように、地元に居ながら、外部の観光客から付加価値を獲得する産業や、地域住民から収益を確保する産業もあります。これらを、アウトバウンド型・インバウンド型・ローカル型の産業として、「ローカルベンチマーク検討会」で、金融庁の大庫直樹参与が発表し、参加者で質疑をしていました。この内容は、金融機関のメンバーが上記の「埋もれている地域資源を活用」について対話をする時に、役に立つ情報だと思いますので、以下にその抜粋を示すことにしました。

≫≫≫ 【参考1】消費者の属性に基づく産業区分

商品・サービスの顧客の居住地、消費する場所に応じて、産業を「Inbound型」「Local型」「Outbound型」に分類し、それぞれに該当する業種について、市町村ごとの付加価値額等を比較。

特に就業者あたり付加価値の高い「Inbound型」「Outbound型」の強化を優先的に推進する方法。

Inbound型	Local型	Outbound型
自治体の外から来訪して消費する顧客を相手とする産業（宿泊業）	自治体内に居住して消費する顧客を相手とする産業（建設工事、飲食娯楽、医療福祉介護、不動産、電気ガス水道、地域交通運輸、その他サービス）	自治体外に居住して消費する顧客を相手とする産業（農林水産、食料・飲料等製造、その他製造、鉱業、食品卸、その他卸、無店舗小売り、情報通信）

（注）市町村民税法人分・税割を市町村ごとの付加価値の代替指標として活用。

（出所）金融庁大庫参与　提出資料

》》顧客所在別産業の域内市場動向

付加価値創出を進めるうえでは、OutboundおよびInbound型産業の育成政策を展開した方が効果が高いとみられる

	inbound型産業	Local産業	Outbound型産業
顧客数 (市場規模の ドライバー)	●訪問客数 ✓のべ宿泊客 ✓のべ日帰り客	●域内人口 ✓総人口 ✓年齢別人口 ✓昼間人口	●対象となるプロダクト・サービスの国内人口、世界人口
市場動向	●訪問客の勧誘結果次第では増加する可能性もある	●人口減少に伴い原則、市場は縮退……もともとタコ足の構造 ✓例外は医療介護は高齢化とともに増大傾向 ✓逆に教育関係はすでに激減	●国内市場は概ね人口減少とともに縮小 ●世界市場は世界人口の増加に伴い増加傾向か
意味合い	●地元市場とは関わらず、成長、衰退の可能性がある	●市場縮退とともに概ね付加価値創出機会は縮小すると思われる	●市場シェアが低い場合は、国内市場が減少しても付加価値創出のチャンスはある……ただしゼロサム・ゲーム ●世界市場に打って出る競争力があれば、付加価値創出機会も多い

》》産業区分別の成長可能性

産業それぞれに成長の可能性があるが、Local需要に依存しない方向に進むことでは共通している。その意味でOutbound型、inbound型の産業により大きなチャンスがあるように思える

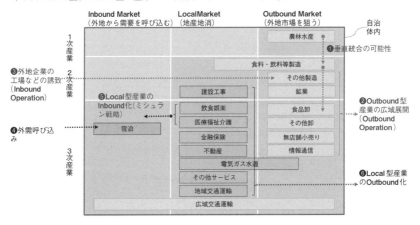

(2) サービス業をはじめとした生産性の向上

■人口減少に直面する地域の企業・産業は、成長鈍化・衰退に陥りがち。
　早めの経営改善(含む事業転換・M&A等)に取り組むことにより、生産性を向上させ、企業・産業の持続可能性を高めることが重要。

① 企業・金融機関ともに、企業の経営課題の把握(診断)力を強化する必要
　▶金融機関が、企業の財務面のみならず、事業の内容や将来性等を適切に把握・分析し、必要な経営支援を行えるような能力を向上させる
　　⇒金融機関に対する検査・監督を通じた事業性評価に基づく融資等の推進等
　▶企業の経営者自身が、自らの企業の状況・経営課題を把握できるようにする
　　⇒経営改善が必要な産業・企業の見極めに資する評価手法の検討

② 生産性向上に必要となるプロフェッショナル人材の確保・育成が必要
　▶〔供給サイド〕プロ人材を都市圏から地方へ供給する仕組みの構築
　▶〔需要サイド〕中小企業のプロ人材ニーズの収集や受入れに対する抵抗感の払拭
　　企業がプロ人材に支払う報酬を一定期間補助する制度の創設

③ 自らでは事業再生や経営改善のための対策を打てない事業者への支援が必要
　▶中小企業再生支援協議会や認定支援機関の支援等の積極的な活用

▎コメント▎

　企業のライフステージの成熟期から成長鈍化期においては、経営改善・生産性向上・体質強化などの対策を早目に講じる必要があります。地域金融機関としても、企業の経営課題について早急に把握を行い、企業の静態的な財務内容のみならず、動態的な事業の内容や将来性等を見極めて、企業とともに問題点の改善に注力する必要があります。この時点ならば、未だ残っている企業自身の余力を、生産性の向上などの改善に振り向けることができると思われます。時には、事業転換・M&A・会社分割などの構造改革を伴う大きな施策を講じることもでき、衰退期に向かう企業の生産性の向上に役立つものと思われます。

（3） 再出発に向けた環境整備、事業承継支援等

■事業の改善・再構築が見込めない企業や後継者不在の企業が、事業の将来展望が描くことのできないまま事業を継続。その結果、経営者自身の再出発が困難になるだけでなく、従業員、取引先等に迷惑をかけるおそれ。

■金融機関が、事業再生コーディネーター等（REVIC、事業再生ファンド、事業引継ぎ支援センター等）と連携・協働して、抜本的な事業再生や事業承継を積極的に支援する必要。また、早い段階で、円滑に事業を整理できるための環境整備が不可欠。
▶金融機関とREVICが連携したファンドの活用等による抜本的な事業再生支援等の取組を促進
▶経営者保証に関するガイドラインの活用やREVICによる経営者保証付債権等の買取り・整理等支援を強化
▶事業承継の円滑化を推進
　―事業引継ぎ支援センターの全国展開、金融機関との連携を強化
　―事業引継ぎに向けた中小企業基盤整備機構のファンドの活用を拡充
▶ローカルベンチマーク、円滑な事業整理のための資金面からの支援等を検討

▌コメント▌

　企業のライフステージで「衰退期」に突入したと思われる企業であっても、経営者の再生意欲が強く、企業自身の成長力が大きい場合は、企業再生・事業再生が可能です。この再生については、下図のとおり、「経営者の意欲」と「企業の成長力」によって決まります。

　地域の企業が成長鈍化期から衰退期になったとしても、経営者が経営改善に取り組み、再度、生産性を改善し、企業に成長の火種が残っ

ているか見極めることが基本です。しかし、経営者の意欲がなくなり、事業の改善や再構築がどうしても見込めないこともあります。また、後継者が不在で、将来展望が描けない企業もあります。それでも、以前の事業を継続している場合もありますので、このような企業に対しては、金融機関としては、もう一度、事業性評価を行って、転業や廃業の勧告や支援を行うことが大切です。それでも、展望が描けない時は、経営者の立場を尊重し、雇用の維持に努めながら、企業・事業の手仕舞い支援を行うべきです。

4 「ローカルベンチマークの第二段階」による地域金融機関としての企業支援

(1)「支援団体」としての地域金融機関の役割

　ローカルベンチマークの第一段階では、地域の経済・産業の把握で、第二段階では、個別企業の経営力評価と改善の対話ですが、ここまで述べてきたローカルベンチマークの対象企業は、家族的経営の零細・中小企業ではなく、中堅・中小企業であることが明らかになっています。また、同業者や過去の指標比較を行うことから、ある程度の事業実績があり、創業したばかりの企業ではないことがわかります。ローカルベンチマークの対象企業は、ライフステージで言えば成熟期前後の中堅・中小企業であるということになります。

ローカルベンチマーク対象の企業の成熟度（ライフステージ）と規模

ライフステージと規模からみた場合、対象は成熟期以降の中堅・中小企業となるのではないか

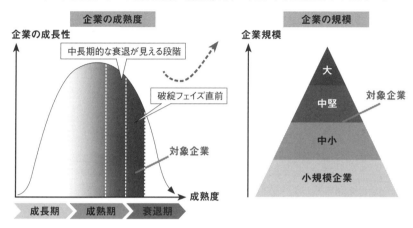

　そこで、ローカルベンチマークにおける第二段階の対話は、企業経営者が地域金融機関と借入時に行われるような、情報交換や条件交渉のやり取りとは異なります。企業経営者に税理士などの専門家・認定支援機関などを加えて、ローカルベンチマークの財務指標6項目と非財務指標4項目の10指標に基づいて、企業経営に関して、参加者で活発な質疑を行うことです。この対話に臨む地域金融機関としては、企業の支援機関として、以下の図に示すような「事業評価・財務評価・地域に対する影響のポジション評価・ガバナンス評価」と、ローカルベンチマークの10指標を交え、企業経営の問題点を把握し、指摘することが求められます。

　この図においては、企業から専門家に情報開示がなされ、その専門家が4つの評価を支援機関と相談して、企業に伝えることになっています。専門家は、支援機関である地域金融機関から相談サポートを受けることになっています。今までならば、地域金融機関としては、企

業に対して、「御社が融資を受ける条件としては、専門家からの企業評価が必要ですから、その評価報告書を次回には持って来てください。」と言うだけで済みましたが、今後は、貸し手・債権者の立場だけの動きでは不十分です。「支援機関」と位置づけられたからには、ローカルベンチマークが広がった後には、地域金融機関は、「支援機関である地域金融機関」として、ローカルベンチマークの10指標や評価の視点の4項目について、習得しなければなりません。専門家の相談サポートを受けなければならず、その後に対話を行うことに関しては、さらに突っ込んだ検討が必要になります。

　具体的には、地域金融機関としては、企業に対するローカルベンチマークの10指標と以下の「評価の4視点」により、この企業に対する経営の問題点を把握し、経営改善のアクションプランの提案を行うことまで、求められると思います。ローカルベンチマークによって、地域金融機関に支援機関の役割が加わることになりますが、このことで、企業戦略またはそのアクションプランの提案まで期待されることになると思います。

》》地域企業評価の役割と視点

地域企業の評価には、定性面と定量面の双方からの理解が必要となる

企業評価を行う際の役割案

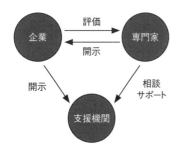

評価の視点案

項目	役割具体例
事業評価	「事業価値を高める経営レポート」の項目を参考にストーリーで当該企業の事業を評価する。
財務評価	当該企業の財務情報（例えば3期分）の特徴・傾向を評価する。
ポジション	当該企業が地域においてどの程度のポジションにあるのか、どの程度の取引数を持っており、地域内への影響力を持っているのかどうか等を評価する。
ガバナンス	経営理念、経営計画、ISOや会計基準への適応状況等を評価する。

　実は、金融庁は、金融行政方針の中で、地域金融機関に対して、「地域企業応援パッケージ」の活用、産学官金との連携などによって、取引先企業の支援を行うための関係者との有効な連携を求めています（p.112参照）。

　特に、中堅・中小企業の中でも、次ページの図に示すようなコングロマリット企業の場合は、連携が必須になりますので、政府機関も含めてその連携を述べています。政府・専門家・金融機関自身が担う支援機関のそれぞれが連携を組んで、その地方に影響が大きいコングロマリット企業を支援するようにしようということです。

≫ コングロマリット企業像

地域における主要な生活基盤を構成する事業の複合体から構成される企業像の共有

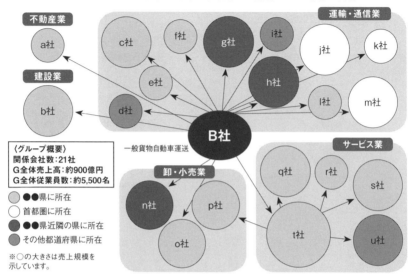

≫ 活用場面の想定

支援機関視点、専門家視点、経営者視点を考慮した検討が必要

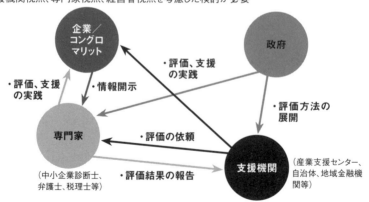

前図の「評価、支援の実践」とは、コングロマリット企業自身による問題提起や問合せへの回答やアドバイスばかりではなく、支援機関や専門家は対話の参加者であることから、これらの企業に対する経営戦略やアクションプランの問題提起も当然想定されていると思われます。

(2) 地域金融機関は税理士などの専門家と信頼関係が必要になる

また、上記の専門家が地域金融機関等の支援機関に相談サポートを受けることについては、前もって、企業が地域金融機関とネゴができているという前提があります。実際には、企業は地域金融機関から「税理士などの専門家による企業評価をしてもらってはいかがですか」と促されて、専門家に評価依頼をすることが多いようです。その後に、この専門家は、支援機関である地域金融機関に、評価について相談することになるケースが多いと思います。

このプロセスにおいては、金融機関から評価の依頼を受けた企業が、「私どもの顧問税理士に評価を依頼しますので、銀行さんはその顧問税理士の先生が相談サポートを求めに来た場合は、その評価方法のアドバイスをお願いします」とか、「顧問税理士に、直接、銀行の担当者さんに電話を入れてもらいますので、評価方法について相談に乗ってあげてください」というような依頼が来ることになると思います。

前ページ下の図では、専門家が支援機関に相談サポートを依頼することになっていますが、実際には、その前に、支援機関である地域金融機関と企業の間で、専門家による相談サポートの合意があるはずです。もしも、その合意がないならば、情報保護のルールに抵触する問題になってしまいます。いずれにしても、地域金融機関は、企業自身が顧問税理士などの専門家に評価依頼をすることを知っていることが前提になります。

このような場合、地域金融機関と税理士などの専門家の間で、信頼関係があることが理想です。税理士などの専門家から「あの銀行の担当者は企業情報を持っていない」とか、「あの銀行の支店は、全くローカルベンチマークについて権限を与えられていないし、本部とは連絡も取れない」「あの担当者はローカルベンチマークのことを全く知らない」という印象を地域金融機関は持たれることがないようにするべきです。

　一方、地域金融機関としては、地域の税理士などの専門家について、今まで以上の情報が必要になります。「あの税理士ならば企業経営の評価は的確である」「あの税理士は、月次訪問・巡回監査を励行しているので、計数は最新のデータである」とか、「あの税理士は企業経営には興味を持っていないので、その報告書の内容は期待できない」「あの税理士は報告書が期限通りには出てこない」などという税理士に関する種々の情報が、ローカルベンチマークが一般化することで、一層、重要になってきます。

　とにかく、地域金融機関は税理士など専門家に対する相談サポートを的確に行い、税理士など専門家は誠意を持った調査を行って、その評価報告書を期限通りに金融機関に提出するべきなのです。このような実績の積み重ねで、地域金融機関と専門家の相互に信頼関係が生まれてくるからです。

(3)　対話で期待される地域金融機関の経営戦略・アクションプランの問題提起

　地域金融機関として、企業に求めることは健全な成長と地域活性化への貢献と見られています。そのための経営戦略アクションプランの問題提起としては、「経営計画策定」「計画実行への組織再編」「モニタ

リング」であると言われています。

　ローカルベンチマークの対話に参加する地域金融機関の担当者は、少なくとも、この3つの問題提起に対し、金融機関としての意見や指摘を固めておくべきであると思います。

① 経営計画策定

　経営戦略の第1歩は、経営理念であり、第2歩は、売上の増加と費用の圧縮ですが、そのためには、以下の図に示したプロセスの下、経営計画策定とその実施、その後のモニタリングがポイントになります。

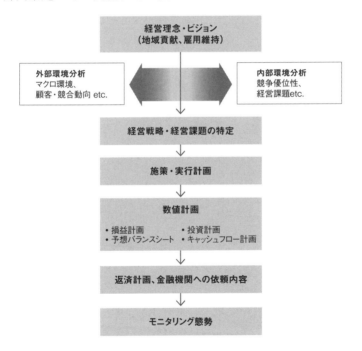

　売上の増加は、自社の外部における地域や他社へのアプローチであり、外部環境の分析が必須です。費用の圧縮は、内部体制や組織改編また統廃合により生まれるもので、内部環境分析が欠かせません。こ

のような基本的な分析に加え、経営計画策定プロセスを見直すことで、企業の将来に向けた問題提起ができるようになると思います。

　ここで、地域金融機関として注意しておきたいことは、2016年7月に施行された「中小企業等経営強化法」の「経営力向上計画の策定」です。従来は、中小企業の経営計画は、金融機関に意見を求め、相談サポートを経ていましたが、この経営力向上計画は、ローカルベンチマークは通過するものの、金融機関を経由せず、官公庁（各地の経済産業局）の認定を受けることになっています。主に、設備投資の支援を受けることを目指すものですが、地域金融機関としては、ローカルベンチマークの対話などにおいて、経営力向上計画について、よくフォローする必要があると思います。官公庁の認定を受けた「経営力向上計画」は、その後の企業の経営戦略やアクションプランに大きな影響を与える可能性があるからです。

中小企業等経営強化法の概要

平成28年7月
中小企業庁

1．生産性向上のための措置の必要性

（1）生産性向上の必要性

少子高齢化、人手不足等の状況において、効果的に付加価値を生み出せるよう、製造業はもとより、相対的により生産性の低い非製造業における生産性の向上が必要。

（3）業種別の経営課題への対応

中小企業・小規模事業者が抱える経営課題や生産性向上のための取組方法は、事業分野や規模ごとに異なります。そのため、同業者等のベストプラクティスをもとに、自社において対策が講じられるように、取組を分かりやすく提供する必要。

中小企業・小規模事業者の生産性向上のための法的枠組み

- 政府が、生産性向上に役立つ取組を分かりやすく中小企業・小規模事業者等に提供
- 生産性を向上させる取組を計画した中小企業・小規模事業者等を積極的に支援

（2）業種横断的な経営課題への対応

事業活動に有用な会計管理の徹底、財務内容の分析、ITの導入等、経営資源を十分活用するための取組をさらに普及させることが重要です。そのためには、支援機関の伴走型の支援によるきめ細かな経営課題の解決が必要。

（4）中堅企業の重要性

中堅企業は、地域の中小企業との取引のハブとなるなど、地域経済を牽引する存在です。中堅企業の生産性向上を一体的に支援することで、地域経済への大きな波及効果が期待。

2．中小企業等経営強化法の基本的スキーム

（1）政府による事業分野の特性に応じた指針の策定

国は、基本方針に基づき、事業分野ごとに生産性向上（「経営力向上」）の方法等を示した事業分野別の指針を策定。個別の事業分野に知見のある者から意見を聴きつつ、経営力向上に係る優良事例を事業分野別指針に反映。

（2）中小企業・小規模事業者等による経営力向上に係る取組の支援

中小企業・小規模事業者等は、事業分野別指針に沿って、「経営力向上計画」を作成し、国の認定を受けることができる。認定事業者は、税制や金融支援等の措置を受けることができる。

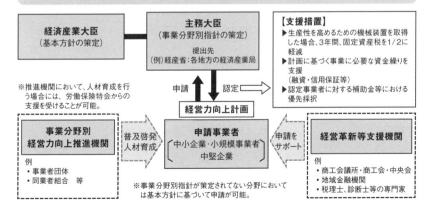

この経営力向上計画を、認定支援機関（認定経営革新等支援機関）が、支援する時には、ローカルベンチマークの活用を想定しています。
（以下は、平成28年7月、中小企業庁企画課の基本方針より抜粋）

> 5.認定経営革新等支援業務について
>
> 認定経営革新等支援が、経営力向上のための事業の計画に基づく取組を促す。
> また、認定経営革新等支援が、中小企業と財務・非財務情報の基本事項について認識の共有を進める。具体的には、ローカルベンチマークの活用を想定。

② 計画実行への組織再編

　内部組織の再編は、経営計画策定のプロセスで検討されますが、その経営計画策定後にも、計画実行のシミュレーション後に組織再編が行われることがあります。組織再編は、多くは売上増強策から検討を始めますが、この再編は、究極の費用圧縮策として、検討されることが多々あります。地域金融機関としては、ローカルベンチマーク対話の問題提起として、内部組織の再編をよく提案するようです。

　また、この組織再編後の新組織の各部署によって、全体の経営計画と整合性のある各セグメント計画を策定することは、実行可能性を高めることになります。

ア．企業の組織図例

⋙ 経営改善計画実行のための新組織図（例）

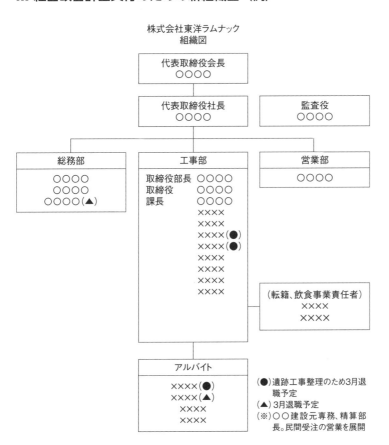

イ．上記企業のセグメント計画例

工事部　　　　　　　　　　　　　　　　　　　　　　　　　　　　単位：円

勘定科目名	H19.8.31	比率	H20.8.31	比率	H21.8.31	比率
完成工事高	905,735,216	87.46	867,112,129	86.39	1,021,892,895	87.16
不動産売上高	0	0.00	0	0.00	0	0.00
兼業売上高	129,941,908	12.55	137,132,343	13.66	150,494,828	
レストラン売上	0	0.00	0	0.00	0	0.00
売上値引・戻り高(△)	19,000	0.00	538,103	0.05	10,953	0.00
売上高	1,035,658,124	100.00	1,003,706,369	100.00	1,172,376,770	100.00
××××	0	0.00	23,719	0.00	0	0.00
不動産仕入高	0	0.00	0	0.00	0	0.00
レストラン仕入高	0	0.00	0	0.00	0	0.00
仕入値引・戻し高(△)	0	0.00	0	0.00	0	0.00
当期完成工事原価	730,006,367	70.49	733,015,907	73.03	938,313,996	80.04
他勘定振替え高(△)	0	0	0	0.00	0	0.00

③　モニタリング

　経営計画に対するモニタリングの客観性・公平性と持続可能性を維持することは、税理士などの専門家が最もふさわしいと言われています。企業自身のモニタリングでは、客観性・公平性を保つことはできず、地域金融機関などの支援機関としては現実問題として、事務負担の伴うモニタリング業務の持続可能性が問題になります。

　地域金融機関は、業種・業態が異なる同地域の多くの企業と取引を行っていますので、モニタリング手法の標準型も理解しています。そこで、典型的なモニタリングについて、対話に参加している企業や専門家に対して、モニタリング手法のアドバイスや問題提起を行うことは、説得力があると思います。同時に、経営計画にリンクしたモニタリングですから、金融機関のアドバイスなどは効果も大きいと思われます。

ア．モニタリングは税理士などの専門家が最適
　a. 月次訪問（巡回監査）
　　この月次訪問（巡回監査）とは、税理士や公認会計士が、顧客に

対して提供する業務の一種で、定期的に顧問先を訪問し、正しい記帳処理が行われているかの確認や、アドバイスを行うことです。金融機関が融資先に行わなければならないとされる「モニタリング管理」とほぼ同等の業務です。しかし、税理士の多くは、ほぼ毎月企業訪問をしていますので、金融機関のモニタリングよりも、効果が大きいと言われています。

b. 金融機関ができないモニタリング

現在の金融機関の支店の貸出担当者は、投資信託・保険・信託などの貸出以外の業務が加わり、これらの販売の資格試験に合格しなければなりません。また、支店長の裁量範囲（決定権限）は削減され、権限を越える案件に対しては稟議書を提出しなければなりません。貸出担当者は昔のように取引先・融資先との交流時間も少なくなり、実際には、コンサルティング業務も経営改善計画策定支援業務もなかなかできないようです。

また、独占禁止法や個人情報保護法、また非弁行為の制約に加え、大半の中小企業は複数金融機関からの借入先で相互牽制が働き、金融機関は、かつてのように取引先企業に向けた活動もできない状況です。特に、モニタリングに至っては、中小企業が得意とする営業部門や技術部門に、金融機関の担当者は踏み込めませんので、たとえ、経営改善計画を策定支援したとしても、その十分なフォローはできないのが実情です。

イ．モニタリング活動とPDCA体制

モニタリング活動は一般的にはかなり広義に解釈されていますが、理想的には、いわゆるPDCAサイクルを回しながら実行するものです。

経営計画策定後、戦略目標からアクションプランまでの行動計画を踏まえて計画の実行可能性を見直します。各部署の管理者から担当者まで、その行動計画を確認し、第三者に評価を受けて、課題・問題点の解決が行われ、さらには、経営の強化につなげていきます。「Plan（計画）⇒Do（実行）⇒Check（評価）⇒Action（改善）」の4段階を繰り返していきます。

　このC（Check）では、計画策定から実績評価までの当社の事業活動に問題があるのか、その間の外部環境・内部環境に問題があるのか、または計画の実現可能性がもともと低いという問題があるのか、などの追及をしていきます。もしも、満足できる業績に至らなかったならば、セグメント計画について原因を明らかにします。

　A（Action）では、評価・確認を通して、各段階で設定された課題・問題点を解決し、戦略目標自体の再設定や業績・行動管理指標、アクションプランの再設定を行います。すなわち、PDCAサイクルを何回も回していくことが重要です。

第7章

ローカルベンチマークによる地域金融機関内部態勢の課題と対策

1　ローカルベンチマーク活用行動計画と金融機関の連携

　2016年5月に、経済産業省から、ローカルベンチマーク活用戦略会議における「ローカルベンチマーク活用行動計画」が公表されました。

　この計画では、「ローカルベンチマークは、地域企業の経営課題の把握・分析や金融機関や支援団体との対話のための手段、ツールであり、それらの分析や対話も、個社の経営改善や成長、金融機関や支援団体等の目的達成、ひいては地域経済の振興のための手段である。」と基本的な考え方を述べ、金融庁は、「金融行政方針」等で促進している「金融機関と地域企業との深度ある対話」の「入口」として、金融機関にローカルベンチマークを活用してもらいたいとの要請がされています。

　さらには、このローカルベンチマーク活用の取組例として、「金融機関は、顧客情報収集の底上げや取引のある地域企業との対話を深めるため、様々なツールについて工夫を行う。金融庁や金融機関は、他の関係者と連携して、そうしたツールの有力な選択肢の一つとして、定性面の情報収集を含め、ローカルベンチマークが活用できることを周知する。」と述べ、自前主義の金融機関に他の関係者との連携を要請しました。

　その後に、「ローカルベンチマークの活用や各金融機関独自の事業性評価に向けた取組により、地域の企業と対話を深め、担保や個人保証に頼らず生産性向上に努める企業に対し、コンサルティング機能の発揮や課題解決に向けた支援、成長資金の供給を行っていく。」と、目下、金融機関がキーワードとしている「事業性評価」「地域の企業と対話」「コンサルティング機能の発揮や課題解決」「成長資金の供給」を駆使して、ローカルベンチマークの活用を強調しました。

2　地域金融機関の対話と問題提起における課題

　ローカルベンチマークは、企業が外部支援を円滑に受け入れたいと思う時に、外部機関にその指標を提示し、対話を行い、地域企業の経営課題の把握・分析や将来の方向性を認識してもらうものです。地域金融機関は、その対話に加わり、問題提起や情報交換を行います。

　しかし、金融機関は、融資や取引先の経営方針の助言・指導を行う時は、原則「自前主義」を貫いて、外部連携は行っていませんでした。事務に関して、派遣社員を採用したり、事務委託を行うことはありましたが、意思決定に関しては、外部連携を組むことはほとんどありませんでした。とは言うものの、ローカルベンチマークの10の指標については、金融機関自身で作成することはできず、税理士などの専門家に委ねることが一般的になりました。また、ローカルベンチマークの対話も、外部連携が前提となっています。もともと自前主義の金融機関としては、このローカルベンチマークの外部連携については、現状の金融機関の内部態勢の課題を早急に解決しなければなりません。

　ローカルベンチマークの対話の場に融資担当者が出席したとしても、現状の地域金融機関の稟議制度の下では、企業の将来に対するコメントや融資に関する突っ込んだ意見は、発言できない状況にあります。融資に関しては、本部・審査部長に権限があり、一部の権限のみが支店長に与えられているにすぎません。しかも、この支店長の権限は本部に限定的に与えられるもので、大半の案件は稟議制度に従います。支店の融資担当者は、その支店長の部下ですから、一般的には、対話に必要な問題提起や経営助言・指導の権限は与えられていないのです。

　一方、中小企業の経営者や税理士などの専門家は、組織のトップの意思決定者であり即断即決を常に行っていますので、決定権限のない

金融機関の融資担当者の対応に歯がゆさを感じることも多いようです。金融機関全体としては、ローカルベンチマークに対するスキルや知識は十分持っているものの、支店の融資担当者で、実際に対話に参加する人材は、そのスキルや知識が十分あるとは言えませんので、有効な対話ができるとはかぎりません。教育研修面の不足は否めません。

さらに、支店の融資担当者は、金融機関本部が設定する個人目標や支店目標の達成に向けて動いています。すなわち、融資担当者の多くは、この個人人事目標や支店業績目標に拘束されているのです。しかし、このローカルベンチマーク施策は、目標設定にはそぐわないことが多々あります。

3 地域金融機関の対話・問題提起における対策

(1) 融資担当者の稟議制度における制約事項への対策

地域金融機関の融資担当者が、ローカルベンチマークの10指標を吟味しながら、企業の資金調達などについて意見交換を行い、問題提起や情報交換を実施する場合は、金融機関本部への稟議書で承認された内容に限られてしまいます。しかも、金融機関の稟議事項は、短期間の事業融資がほとんどであり、長くとも、5～10年間程度の設備資金融資が精々です。これでは、一般の融資担当者として、自信を持って対話の場で発言できる内容は限定されます。

多くの金融機関は、「事前承認制度」「内伺い制度」と言って、取引先との交渉において本部に大筋の了解を得る制度があります。具体的な融資金額や条件が決まる前の交渉で、金融機関が概数や方向性を取引先に提案しなければならない時に使われる制度です。この制度を使って、企業や税理士などの専門家と対話に臨むこともできますが、や

はり、対話で想定外の内容が出てきた場合は、再度、「事前承認制度」「内伺い制度」で本部に申請をしなければなりません。このことはかなりの事務負担となりますので、「事前承認制度」「内伺い制度」における申請用紙の簡素化や申請方法の合理化を図る必要があると思います。

(2) 産学官等の外部機関との連携や対話における金融機関担当者への教育研修

　金融機関の支店担当者は、一般的には、企業に対するコンサルティングやローカルベンチマークの10の指標また「事業評価・財務評価・地域に対する影響のポジション評価・ガバナンス評価」などの4つの評価に関し、企業経営者や税理士など専門家と対話をするスキル・知識はありません。まして、その対話は、ローカルベンチマークの指標について十分理解して、建設的で目的を持った内容の意見交換をすることですから、企業訪問の時間さえなかなか取れない支店担当者に対しては、教育研修を行う必要があります。

　連携や対話については、相手がありますから、その相手を想定して融資の現場の上司や先輩がOJT（職場で実務をやりながらの教育、On-the-job training）で教育することが理想です。各金融機関としては、OJT教育ができる時間的ゆとりを融資現場に与えること、また、OJTができる上司や先輩のスキル・知識のチェックを行うこと、が求められます。しかし、繁忙日定員制から平常日定員制という支店・営業現場におけるタイトな人員配置施策や労働基準監督署の早帰り指導の下では、実際に、OJT教育はなかなか難しく、融資担当者の集合研修や通信教育が現実的な解決手段かもしれません。

(3) ローカルベンチマーク業務推進に関する目標設定

　金融機関の支店担当者は、融資案件や残高に関する数値目標や投資信託など種々の商品の獲得手数料の目標を持っていますし、研修や自己啓発の人事目標もクリアしなければなりません。このローカルベンチマークの指標や評価の内容の習得は、かなりの負荷が掛かりますし、その対話に対する準備も多くの時間が必要です。しかし、ローカルベンチマークに関する支店担当者への目標は、なかなか設定しにくいものです。外部連携や対話についても、支店担当者の努力を評価しにくいものですし、支店や営業部署に対する目標も、金融機関全体のマクロ目標が決められない限り、設定できないものです。

　現在の金融機関の融資の現場は、担当者・支店（営業場所）による個別目標が設定され、その達成率によって、ボーナスや昇給昇進が決定される仕組みになっています。このローカルベンチマークに関するインセンティブを、担当者個人や支店の目標として落とし込まない限り、支店担当者はなかなか積極的には動きにくいものです。

　金融機関本部としては、自行庫の調査部や融資部の企画グループにおいて、RESASや公的機関の地域統計値などを使ってマクロ目標を算出し、各営業場所に目標値を配布することや、支店に対して対話や連携の実施件数目標を設定すること、また、ローカルベンチマークの地域経済・産業や10指標の習得目標を通知するなど、融資現場担当者への目標設定が考えられます。今後、ローカルベンチマークの業務推進の機運が高まることになれば、融資担当者や支店への新しい目標管理の導入は必須になると思います。金融機関が「ローカルベンチマークと対話」に対する動きを早期に導入し、有効活用するためには、早期に、人事面や業績面の目標管理の見直しを検討するべきであると思います。

図表出典一覧

頁	図表名	出 典
8	ローカルベンチマークのイメージ	経済産業省「地域企業・評価手法・評価指標検討会中間とりまとめ～ローカルベンチマークについて～」（以下、「中間検討会資料」と略称）
9	ローカルベンチマークの連携イメージ	〃
12	ローカルベンチマークの内容	〃
30～33、36～38		各図表の解説を参照
40	RESAS（地域経済分析システム）とは	まち・ひと・しごと創生本部：RESAS「地域経済分析システム」について
41	ローカルベンチマークにおけるRESASの活用～分析の流れ	経済産業省「ローカルベンチマークにおけるRESASの活用について」2016年4月
42	「地域経済循環図」で地域の所得構造、支出構造について分析	〃
44	図1 小松市の産業の付加価値額（中分類）（2012年）	まち・ひと・しごと創生本部「RESAS（地域経済分析システム）とは」2015年4月21日
45	第4-3-2図 全産業花火図のイメージ図	中小企業庁『2014年版 中小企業白書』
46	第4-3-3図 松江市の全産業花火図	〃
47	第4-3-4図 業種の位置変更後の全産業花火図のイメージ図	〃
47	第4-3-5図 機械製造業に着目した松江市の全産業花火図	〃
49	第4-3-7図 石川県・福井県の産業別花火図（繊維工業）	〃
50	第4-3-8図 企業別花火図のイメージ図	〃

51	「稼ぐ力分析」で付加価値額と労働生産性の関係を表示	まち・ひと・しごと創生本部：RESAS「地域経済分析システム」について
52	「生産分析」で影響力係数・感応度係数について分析	〃
53	RESAS活用開始時における対象企業群	経済産業省「第1回 地域企業 評価手法・評価指標検討会」事務局説明資料（2015年5月29日）
53	実際の活用例①〜地域内で特化係数の高い産業の財務比較分析〜	まち・ひと・しごと創生本部：RESAS「地域経済分析システム」について
55	実際の活用例②〜地域の重要産業の財務面の課題分析	〃
56	大分県の金融機関	金融庁「銀行等の預金取扱機関」「中小・地域金融機関の主な経営指標」
58	実際の活用例③〜人口増減と域内依存度の高い産業の財務比較分析〜	まち・ひと・しごと創生本部：RESAS「地域経済分析システム」について
64	〈第二段階〉個別企業の経営力評価と改善に向けた対話（企業の健康診断）	経済産業省「中間検討会資料」
65	〈第二段階〉財務情報に基づく分析	〃
66	金融検査マニュアル別冊（中小企業融資編）27事例の定性分析項目別の類似事例分類表	中村 中著『事業性評価融資－最強の貸出増強策』（ビジネス教育出版社）（以下、『事業性評価融資』と略称）100頁
67	検討会委員より推薦があった35指標	株式会社帝国データバンク「地域における産業の業種別評価支援ツールに関する調査報告書」2015年12月（以下、「帝国データバンク調査報告書」と略称）P.18（図表19）
69	銀行貸出のパターン	『事業性評価融資』115頁
70	金融機関の審査プロセス	『事業性評価融資』95頁

74	財務分析入力シート、【診断結果】財務分析シート	経済産業省「ローカルベンチマークについて」ツール利用マニュアル
75	【参考】財務指標作成時の分析対象企業について 【参考】点数付与の考え方	〃
76	財務分析入力シート	帝国データバンク調査報告書P.71～73
80	〈第二段階〉非財務情報に基づく分析、〈第二段階〉非財務情報に基づく分析（1／4）	経済産業省「中間検討会資料」
81	経営者への着目	帝国データバンク調査報告書P.31（図表34）
82	〈第二段階〉非財務情報に基づく分析（2／4）	経済産業省「中間検討会資料」
83	事業への着目	帝国データバンク調査報告書P.32（図表35）
86	非財務データ項目間の繋がりのイメージ	帝国データバンク調査報告書P.28（図表31）
86	ひょうご中小企業技術・経営評価制度の評価書の内容	帝国データバンク調査報告書P.29（図表32）
87	ひょうご産業活性化センターによる技術・経営力評価	帝国データバンク調査報告書P.52
88	サービス評価診断システム（SES）について	帝国データバンク調査報告書P.30（図表33）
89	サービス産業生産性協議会によるJCSI（日本版顧客満足度指数）	帝国データバンク調査報告書P.51
90	特徴　顧客満足の「原因」と「結果」	帝国データバンク調査報告書P.51
90	〈第二段階〉非財務情報に基づく分析（3／4）	経済産業省「中間検討会資料」
91	企業を取り巻く環境、関係者への着目	帝国データバンク調査報告書P.33（図表36）

93	ローカルベンチマークを活用した金融機関による支援のイメージ	帝国データバンク調査報告書P.38（図表41）
94	課題の把握と打ち手の検討	帝国データバンク調査報告書P.38（図表42）
94	〈第二段階〉非財務情報に基づく分析（4／4）	経済産業省「中間検討会資料」
95	内部管理体制への着目	帝国データバンク調査報告書P.34（図表37）
97	COSOキューブ	トレッドウェイ委員会組織委員会報告
101	ローカルベンチマークの非財務情報と金融検査マニュアル別冊（中小企業融資編）事例の関連一覧表	筆者作成
104	財務分析結果イメージ	帝国データバンク調査報告書P.35（図表38）
105	定性ヒアリングシートイメージ①	帝国データバンク調査報告書P.35（図表39）
106	定性ヒアリングシートイメージ②	帝国データバンク調査報告書P.36（図表40）
114	産業・金融一体となった総合支援体制のイメージ	内閣府「金融等による「地域企業応援パッケージ」の内容」
115	金融等による「地域企業応援パッケージ」の概要	〃
116	「中小・地域金融機関向けの総合的な監督指針Ⅱ-5-2-1」	金融庁ホームページ
119	埋もれている地域資源を活用した事業化	内閣府「金融等による「地域企業応援パッケージ」の内容」
120	【参考1】消費者の属性に基づく産業区分	経済産業省「中間検討会資料」
121	顧客所在別産業の域内市場動向	経済産業省「地域企業評価手法・評価指標検討会（第5回）」配布資料3

121	産業区分別の成長可能性	経済産業省「地域企業評価手法・評価指標検討会(第5回)」配布資料3
122	サービス業をはじめとした生産性の向上	内閣府「金融等による「地域企業応援パッケージ」の内容」
123	再出発に向けた環境整備、事業承継支援等	〃
123	コメント欄の図	筆者作成
125	ローカルベンチマーク対象の企業の成熟度(ライフステージ)と規模	帝国データバンク調査報告書P.43
127	地域企業評価の役割と視点	帝国データバンク調査報告書P.43
128	コングロマリット企業像活用場面の想定	帝国データバンク調査報告書P.44
131	経営理念・ビジョン	株式会社ファインビットホームページ
133	中小企業等経営強化法の概要	中小企業庁「中小企業等経営強化法参考資料」2016年7月1日
135	経営改善計画実行のための新組織図(例)	筆者作成
136	上場企業のセグメント計画例	〃

おわりに

　現在では、行政機関などから、地域の経済・産業の詳細な情報が公開されていますので、情報は容易に入手できます。その情報の加工や活用についても、金融機関や支援団体は、多くの手法を持っていますので、精度の高い地域データや情報の分析も可能になっています。筆者が融資の現場にいた20年前は、地域情報は定性的なものであり、個々の企業に直接結びつくような詳細なデータはあまりありませんでした。そこで、業界のデータなどについては、融資の現場で公の情報を手作りで加工して、取引先へのアドバイスや融資条件交渉のツールに使っていました。

　筆者は、30年前に、三菱銀行（現在の三菱東京UFJ銀行）の本店貸付課（営業本部）にいました。その貸付課は、日本の全石油元売会社を担当していました。石油会社は大手の石油精製業・販売企業であり、当時はその担当先は20数社でした。そこでの融資業務の「第一段階」は、石油会社の物流構造や内外の資金の流れ、需要構造等に関するデータ収集と分析でした。ドラマ「半沢直樹」でいえば、伊勢島ホテル担当者の業務内容であり、石油業界の経済・産業の現状と見通しの把握、分析でした。当時は、経済産業省の前身である通産省の石油輸入統計を使い、輸入石油の油種単価（バーレル単価）を通して、それぞれの石油会社の個々の融資残高を理論的に算出していました。日本全体の石油融資残高を運転資金と設備資金に分けて概算し、それぞれの石油会社の各金融機関別の融資シェア（割合）から、個々の石油会社の融資金額を算出しました。金融機関として、日本の石油元売会社に対する考え方を議論しながら、個々の会社に対する社会的・マクロ的

な要請事項も、役員を含め行内でコンセンサスを固めていました。

次に、「第二段階」として、個別石油元売会社について、財務情報や非財務情報等を収集して、企業の成長余力や持続可能性、生産性等の評価を行いました。そして、「第二段階」で把握した個々の企業の情報と、「第一段階」の日本全体の石油元売会社の融資金額などの理論値、その両者の比較から、種々の疑問や気付きが生まれました。マクロ数値からの理論値と個社情報からの数値の差異などから生まれる質問や、業界常識・業界慣習とその元売企業実態の相違からの生まれる気付きに関する意見などを、材料にして建設的な対話を行うように努力し、時にはその企業に対して、アドバイスも行うこともありました。

金融機関として、個々の企業から入手する情報とは別に、独自の理論値や業界の情報を持っていましたので、企業との対話は、かなり建設的で具体的なものになっていました。

実際、石油元売会社に対して、現在や将来の経営・事業に関して、胸を張った対話をすることもできたかもしれません。

ドラマ「半沢直樹」の場合においても、営業本部の半沢直樹次長は、伊勢島ホテル再建のために、元社長で会長の所有している絵画を売却させて会社に資金投入することをアドバイスしたり、世界のトップホテルの一つである「フォスター」との合併・Ｍ＆Ａをさせる提案をすることができたのは、「第一段階」のホテル業界のマクロ情報収集やデータ分析があって、「第二段階」の個別企業の財務情報・非財務情報の分析があったから、そのような提案ができたものと思われました。

この事例については、業界情報と地域情報は異なるものの、「ローカルベンチマークとその対話」にも当てはまります。今後の地域金融機関は、地域情報を把握し、個々の企業の理論値を算出したりマクロ情

報から業界常識を推定して、取引先から得られる財務情報・非財務情報や分析で生まれた実態との相違を質問したり、気付きをアドバイスすることが対話の常態になるものと思います。その取引先の対応方針や経営計画をヒアリングする時においても、その取引先以外から入手した情報によって生じた疑問点を質問し、明確にすることが、対話のあるべき姿のように思われます。

地域金融機関は、このように地域情報を保有していれば、取引先企業や税理士などの専門家また多くの支援団体と、「ローカルベンチマークと対話」によって、かなり建設的で具体性に富んだ情報交換ができ、有益な対話ができるようになると思います。

繰り返しになりますが、ローカルベンチマークは、「第一段階」で、地域の経済・産業の現状と見通しの把握、情報収集やデータ分析を行い、「第二段階」で、財務や非財務の企業分析を行いますので、この対話参加者は、企業周辺の外部・内部環境やその企業の財務・非財務情報を共有することができますので、その後の対話は深みのあるものになると思います。

一方、地域金融機関の内部態勢、特に、審査制度や稟議制度について、ローカルベンチマーク普及後は、その態勢を改善することになると思います。大企業・上場会社が、グローバル化・IoT化によって、内部管理が「コーポレートガバナンス・コード」の導入によって大きく変化しました。各金融機関の本部も、従来の稟議制度のように、一つの事業の融資案件に対して、金融機関の融資ライン役職員である7～10人が印鑑を押して、数日間かけて承認を下ろすような、意思決定をしていることは許されなくなると思います。「ローカルベンチマークとその対話」は、金融機関の意思決定を、個別事業融資から企業経営への承認事項に変化させ、過去の決算数値から将来の経営計画の方向性

への承認事項に変えさせることになるはずです。その上に、支店（営業場所）の融資担当者が、企業経営者や税理士・コンサルタントなどの専門家と同席する対話集会に参加し、意見交換を述べることになるのです。

　いよいよ、地域金融機関も、取引先ごとにガイドラインを設定したり、または支店ごとにガイドラインを提示して、個別案件については、コーポレートガバナンス・コードの「comply or explain」（ガイドラインに従え（comply）、従わないのであればその理由を説明（explain）せよ、ということ）の手法を導入しなければならなくなるかもしれません。支店の融資担当者が、「ローカルベンチマークによる対話集会」に参加する時は、そのガイドラインに沿って発言し、もしも、そのガイドラインでは、実態に合わず、どうしても抵触せざるを得ない時は本部にその事情・背景また理由を説明すること（comply or explain）のやり方にならざるを得ないものと思います。

　各地域金融機関は、本部において地域経済・産業の現状と見通しを把握し、地域のステークホルダーと認識の擦り合わせを行い、各取引先や業界工作のガイドラインを作成します。その後、各営業場所や支店は、原則そのガイドラインの方向性を遵守（comply）し、そのガイドラインと現場の意見が合わない場合、または取引先との対話で齟齬が生じる場合などの時は、支店などが自分の考え方や方針変更について説明する（explain）ことが、正常な動きになるかもしれません。このガイドラインによる「comply or explain」が定着することになれば、「ローカルベンチマークによる対話」で、地域金融機関の融資担当者は、各取引先や業界工作向けのガイドラインに沿って、対話においても、積極的に問題提起や意見交換ができるようになります。

　今後、金融機関に導入されるFinTech（フィンテック）によって、

金融機関の融資業務（情報サービス＋インフラサービス）の「情報サービス部分」（融資に関する勧誘や顧客説明、また契約書の解説部分）は、外部連携先の業務になったり、外注化になっていかざるを得ないと思います。「ローカルベンチマークと対話」の後には、このフィンテックによる連携化・外注化の動きが待っています。従来の金融機関の「自前主義」は、このIoT化や先端金融機関との競合の動きに晒され、守り抜くことは難しくなると思います。

　近々、「ローカルベンチマークによる対話」が広がり、地域金融機関も外部機関との対話や連携が活発化することは時代の流れです。早期に、各金融機関また融資担当者の方々も、この「ローカルベンチマークと対話」の動きに対応しなければならないと思います。そして、このローカルベンチマークによって、対話の機会が増加し、地域の他の支援団体や専門家との連携が必須になり、その中小企業と地域の活性化が現実のものになると思います。

中村　中

〈著者プロフィール〉

中村　中(なかむら　なか)
資金調達コンサルタント・中小企業診断士
1950年生まれ。
三菱銀行(現三菱東京UFJ銀行)入社後、本部融資部・営業本部・支店部、岩本町・東長崎各支店長、福岡副支店長等を歴任、関連会社取締役。
2001年、㈱ファインビット設立。同社代表取締役社長。週刊「東洋経済」の選んだ「著名コンサルタント15人」の1人。中小企業金融に関する講演多数。
橋本総業㈱監査役、一般社団法人資金調達支援センター副理事長、㈱マネジメントパートナーズ顧問
著書『事業性評価融資―最強の貸出増強策』『金融機関・会計事務所のためのSWOT分析徹底活用法―事業性評価・経営改善計画への第一歩』(株式会社マネジメントパートナーズとの共著)(ビジネス教育出版社)、『中小企業再生への経営改善計画』『中小企業再生への改善計画・銀行交渉術』『中小企業再生への認定支援機関の活動マニュアル』『中小企業再生への金融機関本部との連携・交渉術』(ぎょうせい)、『中小企業経営者のための銀行交渉術』『中小企業経営者のための格付けアップ作戦』『中小企業金融円滑化法対応新資金調達術』『経営改善計画の合意と実践の第一歩「バンクミーティング」事例集』など(TKC出版)、『融資円滑説明術』など(銀行研修社)、『信用を落とさずに返済猶予を勝ち取る法』など(ダイヤモンド社)、『銀行交渉のための「リレバン」の理解』など(中央経済社)、『中小企業融資支援のためのコンサルティングのすべて』(金融ブックス)他

ローカルベンチマーク ～地域金融機関に求められる連携と対話

2016年11月10日　初版第1刷発行

著　者　　中村　中
発行者　　酒井　敬男

発行所　株式会社　ビジネス教育出版社

〒102-0074　東京都千代田区九段南4-7-13
TEL 03(3221)5361(代表)／FAX 03(3222)7878
E-mail▶info@bks.co.jp　URL▶http://www.bks.co.jp

印刷・製本／シナノ印刷㈱　装丁・本文デザイン・DTP／㈲エルグ
落丁・乱丁はお取り替えします。

ISBN978-4-8283-0636-0　C2034

> 本書のコピー、スキャン、デジタル化等の無断複写は、著作権法
> 上での例外を除き禁じられています。購入者以外の第三者による
> 本書のいかなる電子複製も一切認められておりません。

―― ビジネス教育出版社 関連図書 ――

事業性評価融資 ―最強の貸出増強策

中村 中（資金調達コンサルタント・中小企業診断士）／著
A5判・248ページ　定価：本体2,500円＋税

金融行政の大転換、ローカルベンチマークの推進、中小企業等経営強化法の普及、外部専門家との連携……地域金融機関の構造的課題と低金利時代の"融資"のあり方を説く。

◆担保・保証に過度に依存せず事業内容・成長性を見極める"事業性評価融資"は、地域金融機関生き残りの切り札！　その全体像を掘り下げて解説。
◆貸出現場における中小企業経営者と銀行担当者の会話例をふんだんに盛り込み、理解が深まるように工夫。

金融機関・会計事務所のための SWOT分析徹底活用法
―事業性評価・経営改善計画への第一歩

中村 中・㈱マネジメントパートナーズ[MPS]／共著
A5判・208頁　定価：本体2,200円＋税

Strength（強み）・Weakness（弱み）と Opportunity（機会）・Threat（脅威）の切り口から企業を分析する！

◆取引先の実態把握に最も現実的で、融資判断に極めて有用な経営分析手法"SWOT"の活用法を実際の経営改善事例をベースに詳説。
◆中堅・中小企業向けに特化した事業再生コンサルタント等が豊富な実務経験を踏まえて執筆。